"十四五"职业教育国家规划教材

第九届"物华图书奖"一等奖

职业教育物流管理专业教学用书

岗课赛证综合育人系列教材

现代物流基础
（第2版）

丛书主编　陈雄寅
本书主编　陈雄寅
副 主 编　梁　旭　郭巍佳
主　　审　贾铁刚　韦妙花

电子工业出版社

Publishing House of Electronics Industry

北京·BEIJING

内 容 简 介

本书采用项目-任务形式组织教学单元，适合采用项目教学法、任务引领教学法，每个任务均由任务展示、任务准备、任务执行、任务评价组成。

本书的主要内容包括物流职业生涯规划、走进现代物流、体验物流作业、认识企业物流、走进第三方物流、体验电商物流、认识国际物流、认识物流信息技术、认识供应链。为了更好地助教助学，本书还配有学习资料二维码，二维码的内容包括与教材内容配套的多媒体课件及相关的拓展知识、教学视频和思政课堂。授课教师还可以登录华信教育资源网免费注册下载本书更多配套教学资源。

本书可作为职业院校物流管理及相关专业的教学用书，也可作为物流相关从业人员的参考资料和培训用书。

未经许可，不得以任何方式复制或抄袭本书之部分或全部内容。
版权所有，侵权必究。

图书在版编目（CIP）数据

现代物流基础 / 陈雄寅主编. —2 版. —北京：电子工业出版社，2023.8
ISBN 978-7-121-46267-2

Ⅰ.①现…　Ⅱ.①陈…　Ⅲ.①物流－基本知识　Ⅳ.①F252

中国国家版本馆 CIP 数据核字（2023）第 167674 号

责任编辑：王志宇
印　　刷：北京瑞禾彩色印刷有限公司
装　　订：北京瑞禾彩色印刷有限公司
出版发行：电子工业出版社
　　　　　北京市海淀区万寿路 173 信箱　邮编 100036
开　　本：880×1 230　1/16　印张：11.5　字数：257.6 千字
版　　次：2019 年 10 月第 1 版
　　　　　2023 年 8 月第 2 版
印　　次：2025 年 9 月第 9 次印刷
定　　价：49.00 元

凡所购买电子工业出版社图书有缺损问题，请向购买书店调换。若书店售缺，请与本社发行部联系，联系及邮购电话：（010）88254888，88258888。
质量投诉请发邮件至 zlts@phei.com.cn，盗版侵权举报请发邮件至 dbqq@phei.com.cn。
本书咨询联系方式：（010）88254523，wangzy@phei.com.cn。

第2版前言

《现代物流基础》自2019年出版发行以来,一直深受广大院校师生的喜爱。本书于2020年入选教育部"十三五"职业教育国家规划教材,并于2023年入选教育部"十四五"职业教育国家规划教材。

现代物流业发展日新月异,为了更好地保持本书的时代性和实用性,教材编写团队对第1版教材进行了必要的更新和修订,使本书更能适应物流行业对人才的需求,也更方便广大职业院校师生和物流行业人员使用。

修订后的第2版教材框架结构与第1版教材相同,全书共有9个项目,分别是物流职业生涯规划、走进现代物流、体验物流作业、认识企业物流、走进第三方物流、体验电商物流、认识国际物流、熟悉物流信息技术、认识供应链。第2版教材在第1版的基础上,进行了如下修订与更新。

(1)将物流职业道德、工匠精神等有机融入教学内容,在"润物细无声"中培养学生认真严谨、精益求精、勇于创新的职业精神。

(2)对教材中的物流术语定义进行必要更新。第1版教材的物流术语主要是参考中华人民共和国国家标准《物流术语》(GB/T 18354—2006),第2版教材的物流术语主要根据中华人民共和国国家标准《物流术语》(GB/T 18354—2021)进行必要修订和更新。

(3)结合部分省份物流类专业职教高考和学业水平考试考纲要求,对教材的内容进行必要的补充和更新。

(4)对教材中涉及的案例信息和数据进行必要的更新,使教材更具时效性和针对性。

(5)对教材中的二维码资源进行必要的修订和更新,并增加了教学视频和思政课堂内容,使教学资源更加丰富、立体化。

第二版教材的主要特点如下。

(1)**立德树人,课程思政**。本书坚持立德树人,遵循学生身心发展规律、教育教学规律和人才成长规律,将社会主义核心价值观和工匠精神融入教学内容,通过规范、严谨的实践操作、团队合作的教学实际等,引导学生形成正确的世界观、人生观和价值观。

(2)**岗课赛证,书证融通**。本书把学历证书与职业技能等级证书结合起来,探索实施1+X证书制度,是国务院之前发布的"职教20条"的重要改革部署。本书积极响应国家的职教改革部署,岗课赛证,综合育人,是书证融通的精品教材。

（3）**岗位导向，任务驱动**。本书基于任务驱动和工作过程的流程进行编写，将物流相关岗位的工作任务转化为学习任务，实现"岗位导向，任务驱动"，体现"工学结合，理实一体"。

（4）**三个对接，三个融合**。本书实现"三个对接"，分别是课程体系与岗位需求的对接，学习内容与工作内容的对接，校内教学资源与企业培训资源的对接。同时本书较好地体现"三个融合"，即职业教育与思政教育、情感教育、职业生涯规划教育的融合。

（5）**突出典型，注重实务**。现在大部分职业学校物流管理专业的人才培养定位主要是培养实用型的物流技能人才或物流管理人才，本书在编写过程中遵循"突出典型，注重实务"，有利于培养物流行业的实用型技能人才和管理人才。

（6）**内容精当，资源丰富**。本书教学内容安排精当，行文简明，深入浅出。通过二维码拓展了教学资源，丰富了教学内容，并配有《现代物流基础学习指导》（ISBN 978-7-121-39608-3），供学生检测学习结果。

（7）**全彩印刷，图文并茂**。本书全彩印刷，以图文并茂的形式展示内容，直观形象地介绍相关的知识点和技能点，不仅可以作为职业院校物流管理专业课程教材使用，而且可以供物流相关从业人员作为参考资料或培训使用。

本书由黎明职业大学陈雄寅老师担任主编，梁旭、郭巍佳担任本书副主编，龚丹宜、黄国菲、高健、刘玲、林惠恋担任本书参编，贾铁刚、韦妙花担任本书主审。

由于编者水平有限，书中难免有疏漏之处，恳请广大读者批评指正。

编　者

第1版前言

党的二十大报告提出要"构建优质高效的服务业新体系，推动现代服务业同先进制造业、现代农业深度融合。加快发展物联网，建设高效顺畅的流通体系，降低物流成本"。在近10多年里，我国物流服务能力显著提升，由物流大国向物流强国迈进。现代物流业成为融合运输、仓储、货运代理、信息等产业的复合型服务业，成为支撑国民经济发展的基础性、战略性产业。国家高度重视现代物流业的发展，在《中共中央关于制定国民经济和社会发展第十四个五年规划和二〇三五年远景目标的建议》中，对物流发展提出了明确的方向和任务，主要是完善综合运输大通道、综合交通枢纽和物流网络，提高农村和边境地区交通通达深度，锻造我国产业链、供应链长板，打造新兴产业链，发展服务型制造业，以及加快发展现代服务业，构建现代物流体系。

构建现代物流体系，物流人才培养是关键。近年来，物流行业在技术驱动下发生了前所未有的改变，人工智能、大数据、云计算、区块链等新技术给物流行业的发展带来了无限可能。在此背景下，高素质、复合型、专业性强的物流人才无疑成为推动物流业数字化转型升级、构建现代物流体系必不可少的条件之一。

"现代物流基础"是一门面向职业院校财经商贸类专业的基础课程，旨在向学生介绍现代物流的相关基础知识。本书共有9个项目，分别是物流职业生涯规划、走进现代物流、体验物流作业、认识企业物流、走进第三方物流、体验电商物流、认识国际物流、认识物流信息技术、认识供应链。本书于2020年12月入选"十三五"职业教育国家规划教材，于2023年6月入选"十四五"职业教育国家规划教材。

在本书每个项目的栏目设计上我们做了这样一些安排。

（1）任务展示：通过操作性很强的任务，调动学生的学习兴趣和工作欲望。

（2）任务准备：主要介绍任务所涉及的一些必备理论知识、操作要点。

（3）任务执行：通过图文并茂的方式，展示项目任务的具体操作步骤，并介绍操作过程中应该注意的细节。

（4）任务评价：通过自我评价、他组评价、教师评价对任务的完成情况进行综合评价。

（5）扫一扫：在任务展示环节，学生通过扫描二维码，可以提前预习本任务相关的学习资料；在任务准备环节，学生通过扫描二维码，可以了解一些相关的拓展知识。

本书的主要特点如下。

（1）**立德树人，课程思政**。本书将社会主义核心价值观和物流工匠精神融入教学内容，在"润物细无声"中培养学生认真严谨、精益求精的职业精神，较好地体现课程思政。

（2）**服务1+X，书证融通**。本书把学历证书与职业技能等级证书结合起来，探索实施1+X证书制度，这是国务院2019年2月发布的《国家职业教育改革实施方案》中的重要改革部署。本书积极响应国家的职教改革部署，服务1+X证书制度，是书证融通的职业教育国家规划教材。

（3）**岗位导向，任务驱动**。本书基于任务驱动和工作过程的流程进行编写，将物流行业相关岗位的工作任务转化为教学任务，实现"岗位导向，任务驱动"，体现"工学结合，理实一体"。

（4）**三个对接，三个融合**。本书实现"三个对接"，分别是课程体系与岗位需求的对接，学习内容与工作内容的对接，校内教学资源与企业培训资源的对接。同时本书较好地体现"三个融合"，即职业教育与思政教育、情感教育、职业生涯规划教育的融合。

（5）**突出典型，注重实务**。本书在编写过程中遵循"突出典型，注重实务"，有利于培养物流行业的实用型技能人才和管理人才。

（6）**内容精当，资源丰富**。本书教学内容安排精当，行文简明，深入浅出。通过二维码拓展了教学资源，丰富了教学内容，并配有《现代物流基础学习指导》（ISBN 978-7-121-39608-3），帮助学生巩固所学。

（7）**全彩印刷，图文并茂**。本书全彩印刷，以图文并茂的形式展示内容，直观形象地介绍相关的知识点和技能点，不仅可以作为职业院校物流专业课程教材使用，而且可以供物流相关从业人员作为参考资料或培训使用。

本书由陈雄寅担任主编，由梁旭、郭巍佳担任副主编，参编人员有龚丹宜、黄国菲、高健。本书由贾铁刚、韦妙花担任主审。

由于编者水平有限，书中难免有疏漏之处，恳请广大读者批评指正。

编　者

目 录

项目一　物流职业生涯规划 …………… 1
　　任务一　了解知名物流企业 ………… 2
　　任务二　认识物流企业的组织结构与
　　　　　　工作岗位 ………………… 7
　　任务三　规划物流职业生涯 ………… 12

项目二　走进现代物流 ………………… 21
　　任务一　认识现代物流 ……………… 22
　　任务二　知悉现代物流发展 ………… 26
　　任务三　了解物流类型 ……………… 31

项目三　体验物流作业 ………………… 35
　　任务一　体验运输作业 ……………… 36
　　任务二　体验仓储作业 ……………… 43
　　任务三　体验配送作业 ……………… 49
　　任务四　体验信息处理作业 ………… 53
　　任务五　体验装卸搬运作业 ………… 58
　　任务六　体验包装作业 ……………… 62
　　任务七　体验流通加工作业 ………… 66

项目四　认识企业物流 ………………… 71
　　任务一　走进企业物流 ……………… 72
　　任务二　认识供应物流 ……………… 76
　　任务三　认识生产物流 ……………… 81
　　任务四　认识销售物流 ……………… 84
　　任务五　认识逆向物流与废弃物物流 … 88
　　任务六　认识冷链物流 ……………… 92

项目五　走进第三方物流 ……………… 96
　　任务一　认识第三方物流 …………… 97
　　任务二　认识第三方物流企业 ………101

项目六　体验电商物流 ………………… 107
　　任务一　了解电子商务 ……………… 108
　　任务二　认识电子商务物流 …………113
　　任务三　了解电子商务物流模式 …… 120

项目七　认识国际物流 ………………… 130
　　任务一　了解国际物流 ………………131
　　任务二　选择国际物流运输方式 …… 136
　　任务三　知悉国际物流节点 …………141
　　任务四　认识国际多式联运 ………… 149

项目八　认识物流信息技术 …………… 153
　　任务一　了解物流信息系统 ………… 154
　　任务二　熟悉物流信息技术 ………… 157

项目九　认识供应链 …………………… 166
　　任务一　认识供应链与供应链管理 … 167
　　任务二　了解供应链管理技术 ………171

参考文献 ……………………………… 176

项目一

物流职业生涯规划

本项目共有 3 个任务，现在让我们通过任务的学习，好好规划一下自己的物流职业生涯吧！

项目目标

知识目标	1. 掌握物流企业的定义。 2. 了解 A 级物流企业评估。 3. 了解我国现代物流企业的特征。 4. 理解物流企业的分类。 5. 掌握直线制、职能制、直线职能制、事业部制、矩阵制等物流企业组织结构。 6. 理解管理层次和管理幅度的关系。 7. 理解职业生涯规划的定义和内容。 8. 理解 SWOT 分析法
技能目标	1. 能够收集并归纳整理国内外知名物流企业的基本信息。 2. 能够应用 WORD 或 VISIO 软件绘制物流企业的组织结构图。 3. 能够收集并归纳整理运输型、仓储型及综合服务型物流企业的工作岗位信息。 4. 能够制作自己的物流职业生涯规划书。 5. 能够应用 SWOT 分析法进行自我分析。
素质目标	1. 培养学生物流职业生涯规划意识。 2. 培养学生严谨的工作态度和良好的团队合作精神。 3. 培养学生自我学习的习惯、爱好和能力。

任务一　了解知名物流企业

（1）请扫一扫如图 1-1、图 1-2 所示的二维码，预习本任务的学习资料和观看认识国内知名物流企业的视频讲解。

图 1-1　本任务的学习资料

图 1-2　认识国内知名物流企业

（2）学生以小组为单位，上网查找 6 家知名物流企业（3 家国内企业和 3 家国外企业）的相关资料，并将查找的结果填入表 1-1 中，最后每组派一名代表上台分享。

表 1-1　知名物流企业的相关资料

序　号	公司名称	成立时间	发展愿景	公司使命	产品及服务
1					
2					
3					
4					
5					
6					

任务准备 1：什么是物流企业、物流联盟、物流合同

物流企业（Logistics Service Provider）是指从事物流基本功能范围内的物流业务设计及系统运作，具有与自身业务相适应的信息管理系统，实行独立核算、独立承担民事责任的经济组织。

物流联盟（Logistics Alliance）：是指两个或两个以上的经济组织为实现特定的物流目标而形成的长期联合与合作的组织形式。

物流合同（Logistics Contract）是指物流企业与客户之间达成的物流相关服务协议。

任务准备 2：什么是 A 级物流企业评估

A 级物流企业评估是依据国家标准《物流企业分类与评估指标》（GB/T 19680—2013），按照运输型、仓储型、综合服务型 3 种类型，分别依据各自的评估指标体系，针对企业的经营状况、资产情况、设备设施、管理及服务、人员素质、信息化水平 6 个方面，以及 16～18 指标和项目，按照规范、标准的流程进行的物流企业综合评估认证。

A 级物流企业分运输型、仓储型、综合服务型 3 种类型，1A～5A 五个等级，5A 级为最高级。

任务准备 3：哪些物流企业入围我国第一批 5A 级物流企业

经过物流企业综合评估试点，2005 年 7 月中国物流与采购联合会公布了我国第一批 26 家 A 级物流企业名单，其中包括 5A 级企业 9 家、4A 级企业 5 家、3A 级企业 7 家、2A 级企业 5 家。我国第一批 5A 级物流企业名单见表 1-2。

表 1-2　我国第一批 5A 级物流企业名单

序　号	物流企业名称	物流企业类型
1	中国远洋物流有限公司	综合服务型
2	中海集团物流有限公司	综合服务型
3	中国物资储运总公司	仓储型
4	中铁快运股份有限公司	综合服务型
5	中铁现代物流科技有限公司	综合服务型
6	嘉里大通物流有限公司	综合服务型
7	黑龙江华宇物流集团有限公司	运输型
8	远成集团有限公司	综合服务型
9	安吉天地汽车物流有限公司	综合服务型

任务准备 4：我国现代物流企业的特征有哪些

我国现代物流企业的特征包括：

① 实施多功能的一体化服务；

② 采用现代化的物流技术；

③ 实行供应链的一体化管理；

④ 开展扩大规模的物流运营；

⑤ 开拓全球化的跨国物流市场。

请扫一扫如图 1-3 和图 1-4 所示的二维码，了解一下哪些企业入围当年国家 5A 级物流企业和中国物流企业排行榜前 20 名。

图 1-3　国家 5A 级物流企业　　　图 1-4　中国物流企业排行榜前 20 名

任务准备 5：哪些企业是全球十大物流企业

全球十大物流企业（排名不分先后）分别为 UPS（United Parcel Service，美国联合包裹运送服务公司）、FedEX（美国联邦快递集团）、DPWN（Dertsche Post World Net，德国邮政世界网）、A. P. Moller-Maersk Group（马士基集团）、Nippon Express（日本运通公司）、Ryder System（莱德系统公司）、TPG（TNT Post Group，荷兰邮政集团）、Expeditors International（美国康捷国际货运有限公司）、Panalpina（瑞士泛亚班拿集团）和 Exel（英国英运物流集团）。

任务执行

步骤 1：上网查找国内知名物流企业的资料

学生可上网查找国内知名物流企业的资料。由于篇幅所限，这里仅介绍中国外运股份有限公司、中远海运物流有限公司、顺丰控股股份有限公司这 3 家国内知名物流企业。

国内名企 1

中国外运股份有限公司

公司名称：中国外运股份有限公司（简称中国外运）

成立时间：2002 年

产品服务：海运、空运、国际快递、公路和铁路运输、船务代理、仓储及配送、码头服务等

服务网络：覆盖中国所有省份及地区，海外网络覆盖亚洲、非洲、美洲、欧洲等地区

初步愿景：成为具有国际竞争力、国内领先的综合物流服务整合商

最终愿景：成为国内外具有领先地位的综合物流服务平台企业

企业使命：聚焦客户需求，以最佳的解决方案和服务，持续创造商业价值和社会价值

国内名企 2

中远海运物流有限公司

公司名称：中远海运物流有限公司

隶属集团：中国远洋海运集团有限公司

重组整合：该公司由中国远洋物流有限公司、中海集团物流有限公司和中海船务代理有限公司重组整合而成

成立时间：2016 年

产品服务：中远海运物流是居中国市场领先地位的国际化物流企业，在项目物流、工程物流、综合货运、仓储物流、船舶代理、供应链管理等业务领域为国内外客户提供全程

物流解决方案

服务网络：中远海运物流在中国境内 30 个省、自治区、直辖市及海外 17 个国家和地区设立了分支机构，在全球范围内拥有 500 多个销售和服务网点

📄 国内名企 3

顺丰控股股份有限公司

公司名称：顺丰控股股份有限公司（简称顺丰速运）

成立时间：1993 年

产品服务：积极拓展多元化业务，针对电商、食品、医药、汽配、电子等不同类型的客户开发出一站式供应链解决方案，并提供支付、融资、理财、保价等综合性的金融服务。与此同时，还依托强大的物流优势，成立顺丰优选，为客户提供品质生活服务，打造顺丰优质生活体验

服务网络：覆盖国内 31 个省，服务网络从中国内地延展到中国香港和中国台湾，直至国外（韩国、新加坡等）

企业愿景：成为最值得信赖的、基于物流的商业伙伴

核心价值观：成就客户、创新包容、平等尊重、开放共赢

👉 步骤 2：上网查找国外知名物流企业的资料

学生可上网查找国外知名物流企业的资料。由于篇幅所限，这里仅介绍日本运通公司、德国邮政世界网、马士基集团 3 家国外知名物流企业。

📄 国外名企 1

公司名称：日本运通公司（Nippon Express）

公司总部：日本东京

成立时间：1872 年

产品服务：日本运通公司是日本典型的、最具代表性的一家物流公司，其物资运送范围之广可以用"无所不运"来形容

服务网络：日通公司在全国设立的"鹈鹕便"收寄点多达 21 万个，"鹈鹕便"业务的营业额已占日通公司国内营业总额的 20%。"鹈鹕便"业务还承运保鲜品，保鲜品会被放入可充电的冷藏箱内运送

📄 国外名企 2

德国邮政世界网

公司名称：德国邮政世界网（德国邮政集团近期更名为德国邮政世界网，以适应其业务全球

化特点及电子商务带来的影响）

公司总部：德国波恩

成立时间：1995 年

产品服务：邮政、物流、速递和金融服务

服务网络：服务网络已覆盖 220 个国家和地区的 12 万多个目的地

 国外名企 3

马士基集团

公司名称：马士基集团

公司总部：丹麦哥本哈根

成立时间：1904 年

产品服务：在集装箱运输、物流、码头运营、石油和天然气开采与生产，以及与航运和零售行业相关的其他活动中，为客户提供了一流的服务

服务网络：马士基集团旗下的马士基航运是全球最大的集装箱承运公司，服务网络遍及全球

👍 **步骤 3：各组派 1 名代表上台分享**

各组派一名代表上台将本组上网查找的资料与大家分享。

任务评价

在完成上述任务后，教师组织进行三方评价，并对学生的任务执行情况进行点评。学生完成表 1-3 的填写。

表 1-3 "了解知名物流企业"任务评价表

任务		评价得分			
任务组		成员			
评价标准	评价任务	分值	自我评价（20%）	他组评价（30%）	教师评价（50%）	合计（100%）
评价标准	能够按照任务要求上网查找所需资料	30				
评价标准	能够对所查找的资料进行简单归纳及提炼	35				
评价标准	能够清晰地与他人分享所查找的资料	35				
合计		100			

任务二　认识物流企业的组织结构与工作岗位

（1）请扫一扫如图 1-5、图 1-6 所示的二维码，预习本任务的学习资料和观看使用 VISIO 绘制企业的组织结构图。

（2）学生以小组为单位，完成如下几个任务。

① 上网查找资料，了解运输型、仓储型及综合服务型物流企业的组织结构并用 VISIO 或 WORD 软件画出其组织结构图。

② 了解运输型、仓储型及综合服务型物流企业的工作岗位。

③ 每组派一名代表上台进行成果分享。

图 1-5　本任务的学习资料

图 1-6　使用 VISIO 绘制企业的组织结构图

任务准备 1：物流企业如何分类

根据物流企业以某项服务功能为主要特征，并向物流服务其他功能延伸的不同状况，可以将物流企业划分为运输型物流企业、仓储型物流企业和综合服务型物流企业。

运输型物流企业应同时符合以下要求：

① 以从事货物运输业务为主，包括货物快递服务或运输代理服务，具备一定的规模；

② 可以提供门到门运输、门到站运输、站到站运输服务和其他运输服务；

③ 自有或租用一定数量的运输设备；

④ 具备网络化的信息服务功能，应用信息系统可以对运输货物进行状态查询、监控。

仓储型物流企业应同时符合以下要求：

① 以从事仓储业务为主，为客户提供货物储存、保管、中转等仓储服务，具备一定的规模；

② 能为客户提供配送服务，以及商品经销、流通加工等其他服务；

③ 自有或租用一定规模的仓储设施设备；

④ 具备网络化信息服务功能，应用信息系统可对货物进行状态查询、监控。

综合服务型物流企业应同时符合以下要求：

① 一般是全国或世界规模的，能应对货主企业的全球化的国内、国际物流需求；

② 从事多种物流服务，可以为客户提供运输、货运代理、仓储、配送等，并能根据客户的需求为客户制定整合物流资源的运作方案，提供契约性的综合物流服务；

③ 按照业务要求，企业自有或租用足够的运输设备、仓储设施及设备；

④ 具有一定运营范围的货物集散分拨网络；

⑤ 配置专门的机构和人员，建立完备的客户服务体系，能及时、有效地提供客户服务；

⑥ 具备网络化信息服务功能，应用信息系统可对物流服务全过程进行状态查询监控。

任务准备 2：什么是物流企业的组织结构

物流企业的组织结构是指物流企业内部的组织机构按分工协作关系和领导隶属关系有序结合的总体结构。它的基本内容包括组织机构的部门划分和层次划分，以及各个机构的职责、权限和相互关系，由此形成一个有机整体。

组织结构有两个要素，分别是部门和层次。不同部门及其责权的划分，反映组织机构之间的分工协作关系，称为部门结构；不同层次及其责权的划分，反映组织机构之间的上下级或领导隶属关系，称为层次结构。

任务准备 3：物流企业的组织结构从横向看如何划分

物流企业的组织结构，从横向看可划分为业务经营部门、职能管理部门和行政事务部门，其定义、主要任务和职责权限见表 1-4。而各部门的进一步划分则因企业的具体情况不同而有所不同。

表 1-4　物流企业的组织结构横向划分一览表

管理层次	定　义	主要任务和职责权限
业务经营部门	直接参加和负责组织物流经营业务活动的机构	直接从事经营，对外建立经济联系，并负责处理经营业务纠纷等，是企业组织机构的主体
职能管理部门	与经营业务机构的活动有着直接的联系，专为经营业务活动服务的从事管理工作的机构	依据管理职能、管理工作的复杂程度及其分工的需要而设置。一般来说，物流企业都要设置财务、人力资源、市场研发等职能管理部门
行政事务管理部门	既不直接从事经营业务活动，又不直接对经营业务进行指导和监督，而是间接地服务于经营业务和职能管理机构的行政事务机构	为经营和管理工作提供事务性服务、安全保卫和法律咨询等

任务准备 4：物流企业的组织结构从纵向看如何划分

物流企业的组织结构，从纵向看可划分为若干管理层次，如最高管理层、中间管理层和基层管理层，其定义、主要任务和职责权限见表 1-5。

管理层次是指从企业经理到基层工作人员之间体现领导隶属关系的管理环节，即经营管理工作分为几级管理。管理层次越多，信息沟通就越困难，越容易受干扰；管理层次越少，就会使管理幅度超出合理的限度，领导者不胜负荷。

一般来说，大中型物流企业适宜 3 级管理，即三个层次；小型物流企业适宜 2 级管理，即 2 个层次。

表 1-5 物流企业的组织结构纵向划分一览表

管理层次	定 义	主要任务和职责权限
最高管理层	以总经理为首的领导班子，统一领导各个层次的经营管理等活动	制订经营目标、方针、战略，确定利润的使用、分配方案，制订、修改和废止重大规章制度，指挥和协调各组织机构的工作和相互关系，确定它们的职责和权限等
中间管理层	根据经营管理工作的需要设置的承上启下的中间层次的管理机构	依据最高管理层下达的指令和任务制订本部门的执行目标，直接从事经营活动或管理活动，保证实现企业的经营和管理目标，以及向决策层提出建议和直接领导最基层机构的各项具体的经营管理工作
基层管理层	经营管理工作的执行操作机构，是直接领导基层工作人员的管理层次，是企业中最低的管理层	依据上一层机构下达的任务优化组织实施的具体方案，采取多种经营方式，实施优质服务，保证完成各自的经营目标，以及向上层领导机构报告工作或提出建议

请扫一扫如图 1-7 所示的二维码，了解管理层次和管理幅度的关系。

图 1-7 管理层次和管理幅度的关系

任务准备 5：物流企业组织结构的类型有哪些

物流企业组织结构的类型一般有直线制、职能制、直线职能制、事业部制和矩阵制，以上 5 种组织结构的主要特点、优点、缺点及适用性见表 1-6。

表 1-6 不同组织结构类型比较一览表

组织结构类型	主要特点	优 点	缺 点	适用性
直线制	企业各级行政领导按照直线从上到下进行垂直领导，不另外设置专业职能机构	机构层次少，权力集中，命令统一，决策和执行迅速，工作效率高	领导需要处理的事务太多，精力受牵制，不利于提高企业的经营管理水平	适用于经营规模小、经营对象简单的小型物流企业
职能制	采用按职能分工实行专业化的管理办法来代替直线制的全能管理者，各职能部门在分管业务范围内指挥下属	能够充分发挥职能机构专业管理的作用和专业管理人员的专长，加强了管理工作的专业化分工，提供内行领导，达到管理工作的正确性和高效率	各职能机构都有指挥权，形成多头领导，相互协调比较困难	在实践中未被多数企业采用

续表

组织结构类型	主 要 特 点	优 点	缺 点	适 用 性
直线职能制	吸收了直线制和职能制的优点,是以直线制为基础将职能制结合在一起的一种组织结构形式	取直线制和职能制两种形式之长,是一种较好的形式	若各职能单位自成体系,不重视信息的横向沟通,工作易重复,造成效率不高;若授权职能部门的权力过大,容易干扰直线指挥命令系统;职能部门缺乏弹性,对环境变化的反应迟钝;可能增加管理费用	在实践中得到比较广泛的应用。我国大中型物流企业大都采用这种形式
事业部制	在高层管理者之下,按产品类别、经营业务或地区设若干事业部,实行分权管理	有利于总公司摆脱日常的行政事务,集中进行决策;有利于事业部根据市场变化做出相应的经营决策;有利于组织专业化生产,提高效率	由于事业部是一个利益中心,往往只考虑自己的利益而影响相互协作	适合规模大、产品种类多、分布面广的企业
矩阵制	围绕特定产品或项目而建立的,每一个项目或产品都设有专门负责人,项目或产品负责人拥有一定的责任和权力;在项目或产品执行期间,为负责人配置一定数量来自各职能部门的人员;小组成员受原属职能部门和项目小组的双重领导,项目一旦完成,各小组成员返回原职能部门	能加强不同部门之间的配合和信息流通,克服了直线职能制组织结构中各部门互相脱节的现象;项目小组具有机动灵活性,可随着项目进行组织	项目责任人的责任大于权力;参加项目的每个人都来自不同的部门,隶属关系仍在原部门,项目负责人对其工作的好坏没有足够的激励与惩罚措施;双重指挥也是一大缺陷	适用于企业新产品研制、企业规划与涉及面广、临时性的、复杂的工程项目工作

步骤1：上网查找运输型、仓储型及综合服务型物流企业的组织结构

不同类型的物流企业根据企业所处环境、选择的战略、技术应用水平、规模等不同可以选择不同的组织结构。各企业绘制的组织结构图的样式也各有不同，某运输型物流企业的组织结构如图1-8所示，某仓储型物流企业的组织结构如图1-9所示，某综合型物流企业的组织结构如图1-10所示。

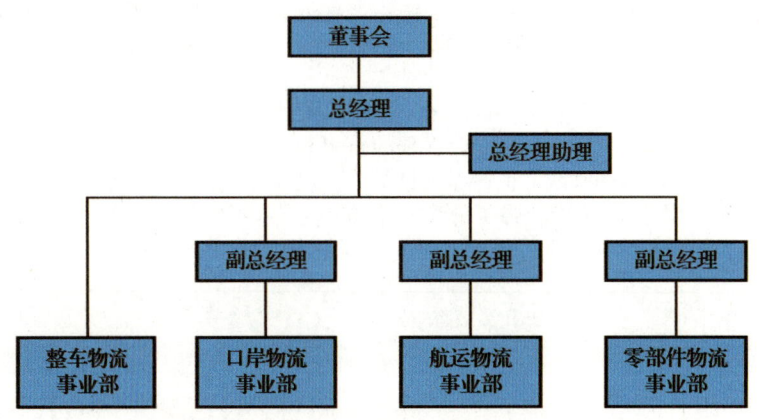

图1-8 某运输型物流企业的组织结构

项目一　物流职业生涯规划

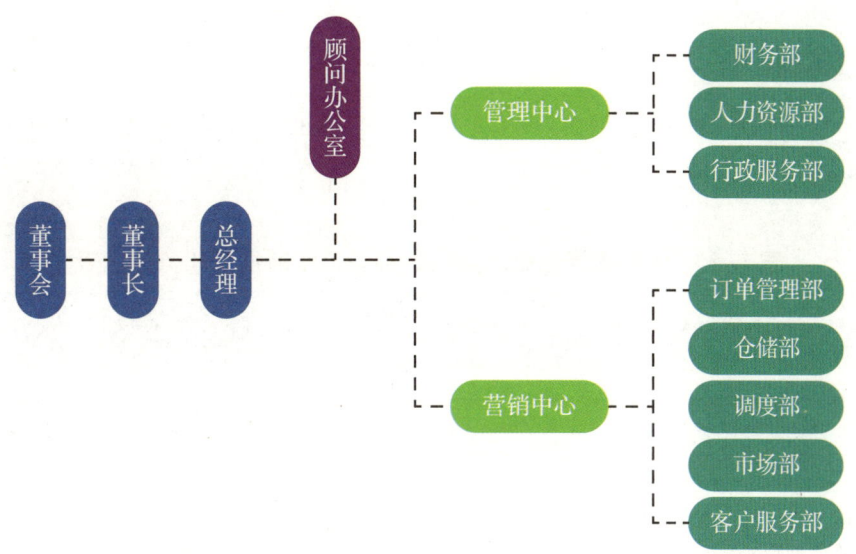

图 1-9　某仓储型物流企业的组织结构

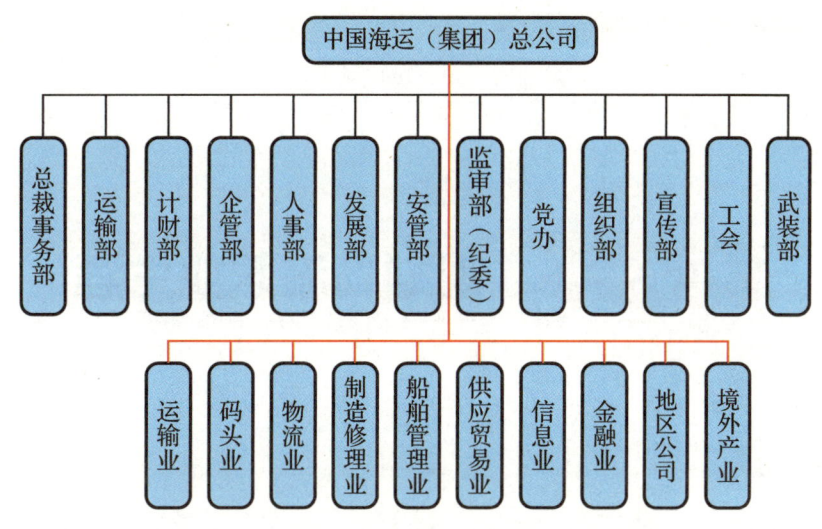

图 1-10　某综合服务型物流企业的组织结构

👉 **步骤 2：了解运输型、仓储型及综合服务型物流企业的工作岗位**

上网查找运输型、仓储型及综合服务型物流企业的工作岗位，并填写表 1-7。

表 1-7　运输型、仓储型及综合服务型物流企业的工作岗位一览表

物流企业的类型	工作岗位的名称
运输型	
仓储型	
综合服务型	

👉 **步骤 3：各组派一名代表上台分享**

各组派一名代表上台将本组上网查找的资料与大家分享。

11

在完成上述任务后,教师组织进行三方评价,并对学生的任务执行情况进行点评。学生完成表 1-8 的填写。

表 1-8 "认识物流企业的组织结构与工作岗位"任务评价表

任务			评价得分			
任务组		成员				
评价标准	评价任务	分值	自我评价（20%）	他组评价（30%）	教师评价（50%）	合计（100%）
	能够按任务要求画出运输型、仓储型及综合服务型物流企业的组织结构图	35				
	能够按任务要求查找并归纳运输型、仓储型及综合服务型物流企业的工作岗位	35				
	能够清晰地与他人分享所查找的资料	30				
合计		100				

任务三 规划物流职业生涯

（1）请扫一扫如图 1-11 所示的二维码,预习本任务的学习资料。

（2）学生以小组为单位,完成如下几个任务。

① 阅读一份学生制作的职业生涯规划书。

② 应用 SWOT 分析法,进行自我分析。

③ 制作一份自己的物流职业生涯规划书。

图 1-11 本任务的学习资料

任务准备 1：什么是职业生涯规划

职业生涯规划（Career Planning）是指针对个人职业选择的主观和客观因素进行分析和测定,确定个人的奋斗目标并努力实现这一目标。换句话说,职业生涯规划要求根据自身的兴趣、特点,将自己定位在一个最能发挥自己长处的位置,选择最适合自己能力的事业。一个完整的职业生涯规划由职业定位、目标设定和通道设计 3 个要素构成。职业定位是决定职业生涯成败的最关键的一步，同时也是职业生涯规划的起点。

职业生涯规划最早起源于 1908 年的美国。有"职业指导之父"之称的弗兰克·帕森斯针对大量年轻人失业的情况，成立了世界上第一个职业咨询机构——波士顿地方就业局，首次提出了"职业咨询"的概念。从此，职业指导开始系统化。20 世纪五六十年代，舒伯等人提出"生涯"的概念，于是生涯规划不再局限于职业指导的层面。

任务准备 2：职业生涯规划的内容有哪些

职业生涯规划的内容一般包括自我分析、职业分析、职业定位、计划实施方案、评估调整等，具体见表 1-9。

表 1-9 职业生涯规划内容一览表

序 号	内 容	说 明
1	自我分析	包括职业兴趣、职业能力、个人特质、职业价值观等
2	职业分析	包括家庭环境分析、学校环境分析、社会环境分析、职业环境分析等
3	职业定位	可以通过 SWOT 分析确定职业目标、职业发展路径
4	计划实施方案	包括近期计划、中期计划、长期计划
5	评估调整	备选方案

任务准备 3：什么是 SWOT 分析法

SWOT 分析法，即态势分析，就是将与研究对象密切相关的各种主要内部优势、劣势和外部的机会、威胁等，通过调查列举出来，并依照矩阵形式排列，然后用系统分析的思想，把各种因素相互匹配起来加以分析，从中得出一系列相应的结论，而结论通常带有一定的决策性。运用这种方法，可以对研究对象所处的情境进行全面、系统、准确的研究，从而根据研究结果制订相应的发展战略、计划以及对策等。SWOT 分析法常常被用于制订集团发展战略和分析竞争对手情况，在战略分析中，它是最常用的方法之一。

SWOT 分析法中，S（Strengths）是优势，W（Weaknesses）是劣势，O（Opportunities）是机会，T（Threats）是威胁，如图 1-12 所示。按照企业竞争战略的完整概念，战略应是一个企业"能够做的"（组织的强项和弱项）和"可能做的"（环境的机会和威胁）之间的有机组合。

SWOT 分析法运用在职业定位中，首先要进行全面的自我分析，从个人能力、性格、兴趣、思维方式等方面权衡自身的优势和劣势，找出符合个人价值观的待选职业方向，同时系统了解该专业、行业的就业现状和发展趋势，评估环境因素对个人待选职业发展的影响，

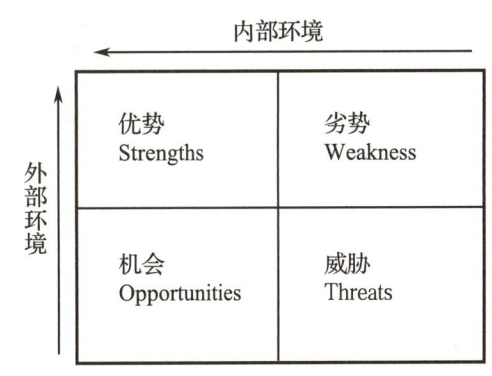

图 1-12 SWOT 分析法

识别环境因素的机会和威胁。用战略眼光，找到最符合自身优势和顺应社会发展的职业，实现职业目标与主观潜能和客观条件的最佳匹配。

请扫一扫如图 1-13 所示的二维码，进一步了解 SWOT 分析法。

图 1-13　SWOT 分析法

任务准备 4：什么是物流职业道德

从一个行业看，职业道德是所有从业人员在职业活动中应该遵循的行为准则，涵盖了从业人员与服务对象、从业人员与企业、从业人员之间的关系。职业道德是各行业的劳动者在职业活动中必须共同遵守的基本行为准则。它包括五项基本规范，即忠诚信实、爱岗敬业、恪尽职守、公平正义、团结协作。

1. 忠诚信实

真心诚意，实事求是，忠实于事物的本来面目，不歪曲、篡改事实，光明磊落，言语真切，处事实在，信守承诺，讲信誉，重信用，履行自己应承担的义务。在工作中表现为维护企业利益、维护企业荣誉和保守企业秘密等。

2. 爱岗敬业

爱岗就是热爱自己的工作岗位，热爱本职工作。爱岗是对人们工作态度的普遍要求。敬业就是以严肃、负责的态度对待自己的工作，勤勤恳恳、乐于奉献、兢兢业业、一丝不苟、精于业务。

3. 恪尽职守

恪即谨慎，恭敬；尽即完善。尽自己的努力，严守自己的职业或岗位。谨慎认真地做好本职工作，承担好本职工作应负的责任。

4. 公平正义

公平正义即公正，没有偏私。公平是指按照一定的社会标准、正当的秩序合理地待人处事。公正就是要做到：坚持原则，不偏不倚；不计得失，无私无畏；追求真理，明辨是非。

5. 团结协作

团结协作的要点是在工作中明确工作任务和共同目标，互相支持、互相配合，顾全大局，尊重他人，虚心诚恳，积极主动协同他人做好各项工作，为实现团队共同的利益和目标互相帮助、共同发展。

以上五项职业道德的基本规范，与物流行业的特点结合，形成了五个具体的标准，即忠诚、敬业、责任、公正、合作。

步骤1：阅读职业生涯规划书，提出改进建议

阅读一个学生的职业生涯规划书《紧握时代旋律，革新物流梦想》，并给他提些建议，帮助他完善职业生涯规划书。

《紧握时代旋律，革新物流梦想》

前言

放眼世界前进的脚步，唯有顺应潮流方能一往无前。面对社会的期望，只有奋发图强方能不负所托。少年进步则国进步，我们学子身上承担的是一份看似虚无缥缈实则重如泰山的国之未来。我从不好高骛远，却始终将父母、学校、自身的期望放于心间，从不敢忘。从中国的发展看物流行业的发展，可以得出以下结论。

中国经济的高速发展，催生了物流行业的欣欣向荣。至今，中国已成为世界物流的"集装箱"，年均包裹吞吐量遥遥领跑全世界。从最初的"寄信式"物流，到后来的集约式物流，再到现在行业最尖端的航空物流，人们的需求一直在更新，物流行业也在高速发展。正可谓此时不努力，更要待何时。

第一章　自尊自强，时不我待

我的品格

古语云"锲而舍之，朽木不折；锲而不舍，金石可镂"。我认为我自身有着当代中国青年所具有的创新奋进的精神。目前我正在福建省晋江职业中专学校进行着物流专业二年级课程的学习，在学习过程中，除了书本上、教师教授的课程知识，我还积极进行物流行业、物流管理行业的知识更新。对网络上诸如王卫等物流行业领军人物的言辞、行业预期进行设想评判，让自己不断接受物流新思想的熏陶。

在学校，我担任学校学生会劳卫部部长，负责的工作主要是进行学校劳动卫生及学生们行为规范的全面检查，以及配合学校教师进行校务管理。在中职一年级的时候我就通过自我推荐担任了劳动卫生部部长，这一年时间中，学校的学风、礼仪及卫生一直很优良。我的工作也得到了学生会、学校领导的赞扬。

生活中，我善于与教师和同学相处。推己及人，乐于站在他人的立场上想问题。课余时间积极参加学校组织的社会活动，努力让自身全面发展。

我的个性

坚持不放弃，是从小父母对我教育的重点。这样的培养方式也让我养成了对待事情严肃认真的个性。虽尚年幼，但我觉得自身在人生观、价值观、大局观的判断上是合乎社会发展进程的。

物流技能

叉车操作方面

经过学校一年多的学习和自身的强加练习，我对叉车基本知识和技能有了质的了解。在平时的培训过程中，我一直勤勤恳恳，充分利用有限的时间加强操作技能的训练，提升装卸作业的效率，保证装卸作业的安全。每次进行装卸货物训练时，我都会对货物的件数、规格进行研究。在学校进行的叉车技能水平考核中，我取得了全校前十的成绩。

现代物流中心工作

经过我的积极申请，学校派我们进入现代物流中心进行相应的实习工作。在3次实习过程中，我都能很好地完成学校及中心交予的任务，并且得到物流中心的好评。

单证操作

学校每周会对我们进行单证操作技能训练及考核，重在考查我们对单证填制的掌握。因此，很多死记硬背的方法不足以完成对基础知识的理解、对理论方法的灵活运用和对实习中遇到的各类情况的应变能力的培养。我会对单据的填写工作进行谨慎精确、严格的审核，认真审查各单据之间记录的内容是否一致，是否相互照应，确保单单一致、单证一致。

我的职业价值观

中国历来有着"三百六十行，行行出状元"的说法，但我更倾向于让自己学有所用，所以我在未来的职业选择上首先会考虑物流专业的就业机会，其次是与物流行业相关的其他行业。在我的职业价值观里，我认为首先要考虑自身能为企业带去什么才有资格谈企业能给予自己什么。我会用"勤奋、踏实、务实、奋进"的职业准则来指导自身，同时也将这四点准则放在自己人生进程的最突出位置，提醒自身持续进步。

第二章 紧随时代，锐意进取

大政方针

"十二五""十三五"以来，国家的大政方针对物流行业的发展起到制约或推动的作用。近年来，国家持续扩大投资，对港口、仓储和运输工具生产加大政策扶持力度及增加投资，支持物流企业合并重组，规模化经营。从这些大政方针上可以看出国家对物流行业的重视程度，这也将是我们新青年为之奋斗的重要原因之一。

学海无涯

我所在的福建省晋江职业中专学校是一所致力于培养社会紧缺型技术技能人才的职业学校。经过一年多的物流专业的专业课程学习，我对当前国内物流的现状、前景等有了更多的判断。在教师的帮助下，我对未来的高职、大学、工作等学习及职业上的规划也日渐明朗。

同时，学校一直要求我们必须站在时代前端看问题，取长补短以达到自身的持续进步。

家庭观念

家庭是我成长的摇篮，也是我努力的源泉。从小我的父母就一直很赞成我的想法，鼓励我自己做决定。当初选择物流专业进行学习也是与父母商议之后的决定。

第三章　摸清行业前景，把握学业方向

物流行业前景

我想就两个方面谈谈自身的想法。

一是从长远来看，在行业逐步成熟、人才素质越来越高的前提下，社会对物流行业的整体需求持续增长，业内核心岗位的薪酬会有大幅增长。目前国内物流人才的短缺，并不是总量上的短缺，而是掌握现代物流管理技术的实用型人才的短缺，也就是懂得建立在信息系统平台上物流供应链管理的综合性人才的短缺。我认为除了对基本概念知识的学习，最重要的是对现代物流管理技术的全方位学习。

二是我通过这一年多的学习和日常对物流知识的关注、更新，我认为当前已经有越来越多的物流企业或企业物流部门把信息技术作为提升自己竞争力的法宝之一，他们把信息系统对内作为作业的必需平台，对外将必要的客户关心的数据与客户进行共享。因此，未来作为物流从业人者，无论是业务操作人员还是一般管理人员或高层管理者，都必须掌握物流信息技术这一项物流关键核心技能。我所认为的"物流"是一个宏观的概念，不只是物品的长短距离运输，更是一种技术、一种管理能力的体现。

我的学业方向

就目前自身而言，我在物流营销、物流管理、物流操作这3个物流专业学习方向上的兴趣最为广泛。就物流营销专业学习方向来说，我认为其对公司、行业物流运作系统应该非常熟悉，能有效解答客户对解决方案的种种疑问。这类职位还要求具备一定的市场营销专业基础，与我目前所学的专业吻合，也与我的兴趣契合。

从物流管理和物流操作专业学习方向来看，在进入物流管理岗位以前，新人一般都需要长时间地在基层岗位积累经验，熟悉物流操作职位的流程和运作原理。我在管理方面兴趣广泛，可以将其作为学业的一个大方向。

第四章　努力深造，描绘蓝图

中职阶段

我现在正在进行中职二年级课程的学习，剩下的日子可谓"紧巴巴"的。一方面要面对日益加重的课程，另一方面可能还需要进行一段时间的专业岗位实习。在这个过程中，我希望能通过自身的努力在学习自己专业课程之外继续进行其他文化课程的学习，希望自己在中职结束之后能顺利考上大学继续深造。

就自身目前的情况而言，我确实还存在着一些不足。例如，我对文化知识的学习还不够

到位，这就需要我在接下来的时间中继续努力，合理分配时间，以顺利考上大学。

大学阶段

在大学阶段，我有一个简单的规划。首先是专业的选择，我还是会选择我目前正在研习的物流管理专业。一方面是由于我在中职的学习过程中已奠定了基础，另一方面是由于我确实非常喜欢这个专业，也希望将我的专业知识用于未来的职业选择上。

从业初期

我认为立业方能安家，而从业正是立业的开始。所以在从业的初期，我将从自我预期、自我价值实现、分歧三方面进行自我纠正和自我弥补。

自我预期

我希望我能在较短的时间内向管理岗位迈进，成为物流公司中层管理人员，并考取相应的物流行业权威证书。我会先从物流行业一线员工做起，在获得经验的同时不断充实自身，以达到公司及行业越来越严苛的要求。

自我价值实现

在自我价值实现方面，我追求的是"双重实现"，即在企业实现自身的自我价值，用自我价值为企业和社会创造更大的价值。我认为这种"双重实现"的就业观会让我在职业的道路上更加平顺。

虚心看待分歧

物流行业是变幻莫测的，今后在工作岗位上我会遇到许许多多的岔路口及人生新的选择，也会遇到各种各样的挫折和挑战，我认为只有端正自己对物流行业的初心，将自身的心态放正，才能收获更多别人所未能拥有的经验和人生知识。

第五章　美丽人生，砥砺前行

冬雪落，夏蝉鸣，每一声清脆的呼唤，每一句淡然的叮嘱，都是对这个世界最美的问候。晨起时，望向窗外细密的秋雨，滴滴如针，汇聚了云朵的情谊，采撷了空气的颜色。每一个微小的瞬间、每一抹刹那的光彩，都能预见生活本身的样子。职业规划亦如此，当今时代，科技发展一日千里，社会环境瞬息万变。一些不能体察时代环境变迁的人，往往惶恐迷惘，不知所措，只因对未来缺少长远、周密的规划，不仅事业一无所成，身心也受到严重影响。因此，尽早做好个人职业定位和发展规划，认清自己，有意识地培养和强化个人的核心竞争力，不断发掘自身的潜能，只有这样才能正确地把握命运之舵，创造成功的人生。

席慕蓉曾在《孤独的树》中写下这样一段话："我这一生再无法回头，再无法在同一天，同一刹那，走下那个河谷再爬上那座山坡了。于是，那棵树才能永远长在那里，虽然孤独，却保有了那一身璀璨的来自天上的金黄。"一份职业规划又何尝不是呢？一花一世界，一叶一菩提，一眼凝望的勇气，一生奋斗的永恒。

你认为该职业生涯规划书有何可取之处？_____
_____
_____
_____

如何进一步完善这一份职业生涯规划书？_____
_____
_____
_____

👍 步骤2：应用SWOT分析法进行自我分析

请应用SWOT分析法，分析自己的优势、劣势、机会、威胁，并填写表1-10。

表1-10　用SWOT分析法分析自己的优势、劣势、机会、威胁

优势	劣势
1. 2. 3. 4.	1. 2. 3. 4.
机会	威胁
1. 2. 3. 4.	1. 2. 3. 4.

👍 步骤3：制作自己的物流职业生涯规划书并与其他同学分享

请结合所学，制作一份自己的物流职业生涯规划书，并将自己的职业生涯规划分享给其他同学。

<u>标题：《　　　　　　　　　》</u>

正文：_____
_____
_____
_____
_____
_____

 任务评价

在完成上述任务后,教师组织进行三方评价,并对学生的任务执行情况进行点评。学生完成表 1-11 的填写。

表 1-11 "规划物流职业生涯"任务评价表

任 务			评 价 得 分			
任务组		成员				
评价标准	评价任务	分值	自我评价（20%）	他组评价（30%）	教师评价（50%）	合计（100%）
	认真阅读职业生涯规划书,并提出合理的改进建议	20				
	能够较好地应用 SWOT 分析法进行自我分析	20				
	能够制作自己的物流职业生涯规划书并与其他同学分享	60				
合计		100				

 思政课堂

请扫一扫图 1-14 中的二维码,进行项目一思政课堂的学习。

图 1-14 项目一思政课堂

项目二

走进现代物流

本项目共有3个任务，现在让我们通过任务的学习，一起走进现代物流的世界吧！

项目目标

知识目标	1. 掌握物流的定义。 2. 理解现代物流的构成要素。 3. 了解现代物流的发展特点。 4. 了解国内外物流发展阶段及特点。 5. 了解我国现代物流业的发展趋势。 6. 掌握物流的类型。
技能目标	1. 能够收集并归纳整理国内外物流业发展的相关信息。 2. 能够收集并归纳整理我国现代物流的发展趋势及相应的典型代表企业信息。
素质目标	1. 培养学生信息检索的能力和自主学习的能力。 2. 培养学生严谨的工作态度和良好的团队合作精神。 3. 激发学生专业学习兴趣和爱国情怀，树立"物流强国，建设有我"的使命感。

任务一　认识现代物流

（1）请扫一扫如图 2-1、图 2-2 所示的二维码，预习本任务的学习资料和观看走进现代物流的视频讲解。

（2）学生以小组为单位，通过上网或查阅图书等方式查找国内外物流发展的相关信息，对比美国、日本、欧洲、中国 4 个国家或地区现代物流的发展现状，并总结国外与我国物流发展的趋势有何不同。

图 2-1　本任务的学习资料

图 2-2　走进现代物流

任务准备 1：物流的定义是什么

国家标准《物流术语》（GB/T 18354—2021）对物流的定义为：根据实际需要，将运输、储存、装卸、搬运、包装、流通加工、配送、信息处理等基本功能实施有机结合，使物品从供应地向接收地进行实体流动的过程。

定义的前半部分明确地指出了物流的特定范围，起点是"供应地"，终点是"接收地"。只要符合这个条件的实体流动过程都可以看成物流，这充分表明了物流的广泛性。定义的后半部分明确地指出物流所包含的功能要素，对于这些功能要素，物流应当做的事情是"实施有机结合"。

任务准备 2：现代物流由哪些要素构成

1. 基础要素

物流的基础要素是维系物流活动得以运行的基本条件，没有这些基本条件，物流就无法发生，也无法运行。这些基础要素就是与物流活动有关的"人、财、物"三要素。

2. 活动要素

物流的活动（功能）要素是指与物流有关的各种作业活动（功能），包括运输活动、储存活动、配送活动、包装活动、装卸搬运活动、流通加工活动及物流信息活动，如图 2-3 所示。

（1）运输（Transport）。运输是指利用载运工具、设施设备及人力等运力资源，使货物在较大空间上产生位置移动的活动。其中包括集货、分配、搬运、中转、装入、卸下、分散等一系列操作。

（2）储存（Storing）。储存是指贮藏、保护、管理物品，如图2-4所示。

图2-3　物流活动要素

图2-4　储存

（3）包装（Packaging/Package）。包装是指为在流通过程中保护产品、方便储运、促进销售，按一定技术方法采用的容器、材料及辅助物等的总体名称。也指为了达到上述目的而采用容器、材料和辅助物的过程中施加一定技术方法等的操作活动。

（4）装卸（Loading and Unloading）、搬运（Handling）。搬运是指在同一场所内，以人力或机械方式对物品进行空间移动的作业过程，如图2-5所示。装卸是指在运输工具间或运输工具与存放场地（仓库）间，以人力或机械方式对物品进行载上载入或卸下卸出的作业过程，如图2-6所示。

图2-5　装卸

图2-6　搬运

（5）流通加工（Distribution Processing）。流通加工是指物品在流通过程中，根据客户的需要施加的包装、分割、计量、分拣、刷标志、拴标签、组装组配等简单加工作业的总称。

（6）配送（Distribution）。配送是指根据客户的要求，对物品进行分类、拣选、集货、包装、组配等作业，并按时送达指定地点的物流活动。

（7）物流信息（Logistics Information）。物流信息是反映物流各种活动内容的知识、资料、图像、数据的总称。物流信息是指物流活动中各个环节生成的信息，一般随着从生产到消费的物流活动的产生而产生，与物流过程中的运输、储存、装卸、包装等各种职能有机结合在一起，是整个物流活动顺利进行所不可缺少的。

任务准备3：现代物流的发展特点是什么

1. 系统化

传统物流一般涉及产品出厂后的包装、运输、装卸、仓储，而现代物流则向两头延伸并加速了新的内涵，使社会物流和企业物流有机结合在一起。物流系统化可以形成一个高效、畅通、可调控的流通体系，可减少流通环节，节约流通费用，实现科学的物流管理，提高流通的效率和效益。

2. 信息化

物流的信息化是指商品代码和数据库的建立、运输网络合理化、销售网络合理化、物流中心管理电子化、电子商务和物品条码技术的应用等。物流的信息化可实现信息共享，使信息的传递更加方便、快捷、准确，从而提高整个物流系统的经济效益。

3. 网络化

物流网络化的基础是信息化。这里所说的网络化有两层含义：一是指物流配送系统的计算机通信网络，主要指物流配送中心与供应商、制造商及下游客户之间的联系，实现计算机网络化；二是指组织的网络化，主要包括企业内部组织的网络化和企业之间的网络化。

4. 自动化

首先是机械的自动化，机械的自动化是指采用机械化的手段进行物流作业的自动化；其次是信息的自动化，对所发生的各种信息，利用信息技术快速准备和及时地收集、存储、加工、分析处理。

5. 智能化

智能物流是指利用集成智能化技术，使物流系统能模仿人的智能，具有感知、学习、推理判断和自行解决物流中某些问题的能力。就智能物流的应用而言，智能物流广泛应用于工业生产与物流行业的运输、仓储、装料、装配、包装、配送、装卸等环节。通过智能物流系统与智能物流设备，企业的运输行为可以实现高效率、低成本的自动化运作，实现动态优化管理。

6. 柔性化

柔性化本来是为实现以客户为中心的经营理念而在生产领域提出的，但要真正做到柔性化，即真正能根据客户需求的变化来灵活调节生产工艺，没有配套的柔性化物流系统是不可能实现的。它要求物流配送中心要根据客户需求多品种、小批量、多批次、短周期的特色，灵活组织和实施物流作业。

7. 标准化

物流的标准化是指以物流为一个大系统，制定系统内部设施、机械装备、专用工具等各个分系统的技术标准;制定系统内分领域,如包装、装卸、运输等方面的工作标准;以系统为出发点,研究各分系统与分领域中技术标准与工作标准的配合性,按配合要求统一整个物流系统的标准;研究物流系统与其他相关系统的配合性,进一步谋求物流大系统的标准统一。

8. 社会化

随着市场经济的发展,专业化分工越来越细,一个生产企业生产某种产品,除了一些主要部件自己生产,大多外购。生产企业与零售商所需的原材料、中间产品、最终产品大部分由专门的第三方物流企业提供,以实现少库存或零库存。

9. 绿色化

经济的发展必须建立在维护地球环境的基础上,可持续发展政策也同样适用于物流管理活动,这就要求形成一种能促进经济健康发展的物流系统,即向绿色物流、循环型物流转变。所谓绿色物流,是指为了实现客户满意,连接绿色需求主体和绿色供给主体,克服空间和时间限制的有效、快速的绿色商品和服务的绿色经济管理活动过程。

请扫一扫如图 2-7 所示的二维码,了解现代物流与传统物流的区别。

图 2-7　现代物流与传统物流的区别

步骤 1:全班分组,确定项目组名称

全班分成 4 组,每组选出 1 名项目经理,通过小组讨论确定项目组名称。

步骤 2:查找资料,了解国内外物流业发展的相关信息

通过上网或查阅图书等方式查找国内外现代物流发展的相关信息,每个项目组负责一个国家或地区,分别是美国、日本、欧洲、中国。主要对比美国、日本、欧洲、中国 4 个国家或地区的现代物流发展现状,并总结出国外与我国物流发展的趋势有何不同。

步骤 3:各组推荐一名代表上台分享

各组制作汇报 PPT,并派一名代表上台将本组上网查找的资料与大家分享。

在完成上述任务后，教师组织进行三方评价，并对学生的任务执行情况进行点评。学生完成表 2-1 的填写。

表 2-1 "认识现代物流"任务评价表

任务组	任务		评价得分			
		成员				
评价标准	评价任务	分值	自我评价（20%）	他组评价（30%）	教师评价（50%）	合计（100%）
	查找资料了解国内外物流业发展的相关信息	40				
	PPT 制作情况	30				
	汇报分享情况	30				
	合计	100				

任务二　知悉现代物流发展

（1）请扫一扫如图 2-8 所示的二维码，预习本任务的学习资料。

（2）学生以小组为单位，上网查找资源及查阅相关文献，归纳总结我国及国外现代物流发展都经历了哪些阶段，我国现代物流业的发展有哪些趋势。

图 2-8　本任务的学习资料

任务准备 1：国外现代物流发展经历了哪些阶段

1. 第一阶段

20 世纪初，在北美和西欧一些国家，随着工业化进程的加快，以及规模化生产和大批量销售的实现，人们开始意识到降低物资采购成本及产品销售成本的重要性。

2. 第二阶段

20 世纪 60 年代后，世界经济环境发生了深刻的变化。科学技术的发展，尤其是管理科学的进步、生产方式的改变，大大促进了物流的发展。物流管理逐渐为管理学界所重视，企业界也开始注意到物流在经济发展中的作用，将改进物流管理作为激发企业活力的重要手段。

3. 第三阶段

这一时期物流管理的内容从企业内部延伸到企业外部，重点已经转移到对物流的战略研究上。产业价值链成为这一时期企业管理的核心。企业开始超越现有的组织机构界限而重视外部关系，将供货商（提供商品或者运输服务）、分销商及客户等纳入管理的范围，利用物流管理建立和发展与供货厂商及客户的稳定、良好、双赢的合作伙伴关系，促进商业生态体系的融合，共同维护产业价值链的稳定，以确立企业的竞争优势。

4. 第四阶段

20世纪90年代以来，随着新经济和现代信息技术的迅速发展，现代物流的内容仍在不断丰富和发展。信息技术的进步，使得人们更加认识到物流体系的重要性。

请扫一扫如图2-9所示的二维码，了解什么是产业价值链。

图2-9 产业价值链

任务准备2：我国现代物流发展经历了哪些阶段

1. 萌芽阶段（20世纪80年代以前）

1949—1978年以前，我国一直实行计划经济体制，生产、运输、仓储、销售等都由国家控制，企业在物流过程中没有自主经营的空间，物资不能按市场规律有效流动，所以在这个阶段，我国经济领域中没有物流的概念，更缺乏有关物流理论的研究。

2. 学习和引进阶段（20世纪80年代—90年代初）

1978年以后，随着经济的改革和市场的开放，我国开始发展物流业。20世纪80年代初，我国从日本直接引入"物流"的概念。改革开放政策为现代物流进入我国奠定了基础；改革开放以来，我国逐渐引进了国外现代物流的管理模式。国内进行现代物流探索和初期实践，取得了经验和教训；国内部分高校开设了物流及物流相关专业，确立了物流学科，培养了一批现代物流人才。

3. 起步阶段（20世纪90年代）

20世纪90年代后期，随着我国经济体制改革的发展，企业的产权关系日益明晰，生产、流通等企业开始认识到物流的重要性。国内开始出现了不同形式的物流企业，大多物流企业是由原运输企业、仓储企业、商业企业或工业企业等改造重组而来的。同时对物流的研究也从流通领域向生产领域渗透。

我国现代物流起步期的主要工作是开始实质性的物流运作，重要标志是：学术界开始全面系统地研究和推介现代物流；一些率先进行现代物流运作的企业取得了辉煌的成绩并对经济界产生了实际的影响；有影响力的与物流相关的传统大企业，如中国远洋运输（集团）公司、中国对外贸易运输（集团）总公司，明确要向现代物流转型；改革开放之后引进的一批与现代物流运作有关的外国企业，已经对国内企业有了有效的推动；我国经济特区深圳市制定了我国第一个地区性的物流规划，而且明确提出现代物流产业是深圳市3个"重要支柱产业之一"，在国内产生了重要的影响。

4. 快速发展阶段（21世纪）

2022年中国共产党第二十次全国代表大会报告指出："我国经济实力实现历史性跃升。现代物流业和现代供应链是现代化经济体系的重要组成部分，是新时代中国特色社会主义建设的重要支撑。"未来一段时期，我国物流业将进入以质量和效益提升为核心的发展新阶段。

任务准备3：我国现代物流业的发展趋势有哪些

1. 科技化、专业化趋势加强

信息网络领域的技术突破，如大型高速船舶、新能源汽车、无人驾驶、物联网、5G技术等将在物流领域得到广泛应用，互联网、大数据、云计算、人工智能等将与物流业深度融合，这些都对物流业升级具有重大促进作用。未来，物流技术创新将显著反映出快速便利、自动化、信息化、网络化等时代性特点。

2. 供应链加快发展

国务院办公厅印发了《关于积极推进供应链创新与应用的指导意见》，在该意见中指出，建立基于供应链的全球贸易新规则，有利于提高我国在全球经济治理中的话语权，保障我国资源、能源安全和产业安全。推进供应链全球布局，加强与伙伴国家和地区之间的合作共赢，有利于我国企业更深、更广地融入全球供给体系，推进"一带一路"建设落地，打造全球利益共同体和命运共同体。党的十九大报告中重点指出，要在现代供应链领域培育新增长点。中国物流业将势必加快发展现代供应链。

3. 仓配一体化

随着电子商务的飞速发展，传统仓储物流开始向现代物流转变，仓配一体化逐渐成为现代物流的发展新方向。仓配一体化是为客户提供仓储、精细加工及配送管理的一站式服务，能够在保证货品安全的前提下提高效率，实现整个业务流程的无缝对接，充分体现了"共同仓储、共同配送"的服务理念和核心价值。仓配一体化作为仓储业转型升级的首要任务，将是物流行业进行模式创新的必由之路。

4. 共享物流

基于我国物流行业的发展现状，高成本依然是制约物流行业发展的痛点。而共享物流是一种动员全球社会资源共同参与的物流模式，通过共享技术、服务等，有利于提高物流效率、降低成本，实现物流资源的优化配置。随着 Uber（见图 2-10）和滴滴出行（见图 2-11）的共享模式开始向物流行业渗透，基于车货匹配的共享物流也成为发展新方向。罗计智慧物流、运满满、云鸟配送等平台的创建，有利于实现资源共享，更好地应对物流行业的波动性和不确定性，为推动共享物流的发展奠定基础。

图 2-10　Uber　　　　　　　　图 2-11　滴滴出行

5. 多式联运

随着我国物流行业的不断发展，以往单一的运输方式已经无法满足不断上升的物流需求，多式联运正越来越受业界青睐。多式联运是由两种及以上的交通工具相互衔接、转运等共同完成运输过程的复合运输。日前，作为国内首个依托互联网开展线上多式联运的平台——长江经济带多式联运公共信息与交易平台已经正式上线，这有利于进一步推进我国多式联运的发展。

6. 众包物流

在"互联网 +"浪潮下，众包物流模式开始萌芽，使物流行业从一个标准的劳动密集型行业，逐渐转变为技术与资本相结合的密集型行业。众包物流是指把原来由企业员工承担的配送工作，转交给企业外的大众群体来完成。基于大数据运算，众包物流模式不仅能够整合社会资源，降低物流配送成本，还可以提高物流配送效率，提升消费者的物流体验。

7. 城乡双向物流

随着互联网的普及，农村电商的发展势头越来越迅猛，如何把城市的工业品带到农村？如何把农村的特色产品带到城市？这一系列问题都要求建立城乡双向畅通的物流服务体系。随着城乡交易日趋组织化、集中化，城乡双向物流体系成为新的物流发展战略。城乡双向物流体系的建设，有利于发挥物流企业的市场整合作用，实现城乡商贸经济一体化。

8. 跨界融合

尽管我国物流行业发展迅猛，但仍处于物流大国的阶段，与物流强国仍有一段距离。基于这一现状，跨界融合将成为物流发展的新思路。跨界融合是在原来的基础上进行变革，实现重塑融合。不仅体现为线上线下 O2O 融合，也体现为跨行业的协同发展。实行跨界融合的物流模式，有利于加强物流基础设施的建设，实现物流的时效性、灵活性，进而推进我国向物流强国的转变。

任务执行

步骤 1：结合所学，汇总国内外物流发展的阶段及特点

以项目组为单位,结合所学,汇总国内外现代物流的发展都经历了哪些阶段,每个阶段的特点是什么,并填写表 2-2。

表 2-2 国内外现代物流的发展阶段及特点

国内/外	发展阶段	阶段特点
国内		
国外		

步骤 2：查找资料，归纳我国现代物流的发展趋势及相应的典型代表企业

以项目组为单位,通过上网查找资料或查阅文献等方式归纳总结我国现代物流的发展趋势及相应的典型代表企业,并填写表 2-3。

表 2-3 我国现代物流的发展趋势及典型代表企业

发展趋势	典型代表企业

步骤 3：各组推荐一名代表上台分享

各组制作汇报 PPT,并派一名代表上台将本组上网查找的资料与大家分享。

任务评价

在完成上述任务后,教师组织进行三方评价,并对学生的任务执行情况进行点评。学生完成表 2-4 的填写。

表 2-4 "知悉现代物流发展"任务评价表

任务		评价得分			
任务组		成员			
评价标准	评价任务	分值	自我评价（20%）	他组评价（30%）	教师评价（50%）	合计（100%）
	汇总国内外物流的发展阶段及特点	35				
	归纳我国现代物流的发展趋势及相应的典型代表企业	35				
	汇报分享情况	30				
	合计	100				

任务三 了解物流类型

任务展示

（1）请扫一扫如图 2-12 所示的二维码，预习本任务的学习资料。

（2）学生以小组为单位，上网查找资料及查阅资料，了解物流如何分类，并填写表 2-5～表 2-7。

图 2-12 本任务的学习资料

任务准备

任务准备 1：按照物流活动的地域范围不同可以将物流分为哪几类

按照物流活动的地域范围不同，可以将物流分为区域物流、国内物流和国际物流。

1. 区域物流

区域物流是指为全面支撑区域可持续发展总体目标而建立的适应区域环境特征，提供区域物流功能，满足区域经济、政治、自然、军事等发展需要，具有合理空间结构和服务规模，实现有效组织与管理的物流活动体系。区域物流主要由区域物流网络体系、区域物流信息支撑体系和区域物流组织运作体系组成。

2. 国内物流

国内物流是指为国家的整体利益服务、在国家自己的领土范围内开展的物流活动。国内物流作为国民经济的一个重要方面，应该纳入国家总体规划，我国的物流事业是国家现代化建设的重要组成部分。因此，国内物流的建设投资和发展必须从全局着眼，清除部门和地区分割所造成的物流障碍，尽早建成一些大型物流项目，为国民经济服务。

3. 国际物流

国际物流是指跨越不同国家（地区）之间的物流活动。它是伴随国际经济交流、贸易活动和其他国际交流所发生的物流活动。

任务准备2：按照物流活动的过程不同可以将物流分为哪几类

按照物流活动的过程不同，可以将物流分为供应物流、生产物流、销售物流、逆向物流和废弃物物流。

1. 供应物流（Supply Logistics）

供应物流是指为生产企业提供原材料、零部件或其他物料时所发生的物流活动。

2. 生产物流（Production Logistics）

生产物流是指企业内部进行的涉及原材料、在制品、半成品、产成品等的物流活动。

3. 销售物流（Distribution Logistics）

销售物流是指企业在销售商品过程中所发生的物流活动。

4. 逆向物流（反向物流）

逆向物流，又称反向物流，是指为恢复物品价值、循环利用或合理处置，对原材料、零部件、在制品及产成品从供应链下游节点向上游节点反向流动，或按特定的渠道或方式归集到指定地点所进行的物流活动。

5. 废弃物物流

废弃物物流是指将经济活动或人民生活中失去原有使用价值的物品，根据实际需要进行收集、分类、加工、包装、搬运、储存等，并分送到专门处理场所的物流活动。

扫一扫

请扫一扫如图2-13所示的二维码，了解供应物流、生产物流与销售物流之间的关系。

图2-13 供应物流、生产物流与销售物流之间的关系

任务准备3：按照物流系统的性质不同可以将物流分为哪几类

按照物流系统的性质不同，可以将物流分为社会物流、行业物流和企业物流。

1. 社会物流

社会物流是物流的主要研究对象，是指以全社会为范畴、面向广大客户的、超越一家一户的物流。社会物流涉及在商品的流通领域所发生的所有物流活动，因此社会物流带有宏观

性和广泛性，也被称为大物流或宏观物流。伴随商业活动发生、物流过程通过商品的转移实现商品的所有权转移，这是社会物流的标志。

2.行业物流

同一行业中所有企业的物流称为行业物流。同一行业的不同企业，虽然在产品市场上是竞争对手，但在物流领域内常常可相互协作，共同促进行业物流的发展，实现所有参与企业的共赢。

3.企业物流

企业物流是指企业内部的物品实体流动。它从企业角度研究与之有关的物流活动，是具体的、微观的物流活动的典型领域。

任务执行

步骤1：查找资料，归纳总结物流按物流活动的地域范围如何分类

以项目组为单位，根据"任务准备"中的知识，并结合网络资源，归纳总结按物流活动的地域范围分类，可以将物流分成哪几种类型，并根据具体实例，区分物流的不同类型，最后完成表2-5的填写。

表2-5 按照物流活动的地域范围分类

序 号	物流类型	定 义	具体实例
1			
2			
3			

步骤2：查找资料，归纳总结物流按物流活动的过程如何分类

以项目组为单位，根据"任务准备"中的知识，并结合网络资源，归纳总结按物流活动的过程分类，可以将物流分成哪几种类型，并根据具体实例，区分物流的不同类型，最后完成表2-6的填写。

表2-6 按照物流活动的过程分类

序 号	物流类型	定 义	具体实例
1			
2			
3			
4			
5			

步骤 3：查找资料，归纳总结物流按物流系统的性质如何分类

以项目组为单位，根据"任务准备"中的知识，并结合网络资源，归纳总结按物流系统的性质分类可以将物流分成哪几种类型，并根据具体实例，区分物流的不同类型，最后完成表 2-7 的填写。

表 2-7 按照物流系统的性质分类

序　号	物流类型	定　义	具体实例
1			
2			
3			

步骤 4：各组推荐一名代表上台分享

各组汇报交流本组的成果，并互相评价。

任务评价

在完成上述任务后，教师组织进行三方评价，并对学生的任务执行情况进行点评。学生完成表 2-8 的填写。

表 2-8 "了解物流类型"任务评价表

任　务			评价得分			
任务组		成员				
评价标准	评价任务	分值	自我评价（20%）	他组评价（30%）	教师评价（50%）	合计（100%）
	能够正确填写物流分类的表格	40				
	能够对所查找的资料进行自我总结和提炼	30				
	能够清晰地与他人分享所查找的资料	30				
	合计	100				

思政课堂

请扫一扫图 2-14 中的二维码，进行项目二思政课堂的学习。

图 2-14 项目二思政课堂

项目三

体验物流作业

本项目共有 7 个任务，现在让我们通过任务的学习，好好体验一下物流作业吧！

项目目标

知识目标	1. 掌握物流七大作业活动的概念。 2. 熟悉物流七大作业活动的类型。 3. 理解物流七大作业活动的功能。
技能目标	1. 能够辨别物流七大作业活动的类型。 2. 能够合理化进行物流七大作业活动。
素质目标	1. 培养学生严谨的工作态度和良好的团队合作精神。 2. 培养学生勇于创新、爱岗敬业、精益求精的工匠精神。

任务一　体验运输作业

任务展示

（1）请扫一扫如图 3-1、图 3-2 所示的二维码，预习本任务的学习资料和观看体验运输作业的视频讲解。

图 3-1　本任务的学习资料　　　　图 3-2　体验运输作业

（2）学生以小组为单位，为表 3-1 所示的货物选择正确的运输方式，并派一名代表上台说明理由。

表 3-1　货物详情

项　目	名称/数值
货物名称	空调
包装规格	1 台/箱
总数量	100 箱
总重量	13 吨
运输距离	200 千米
运输时限	1 天
运输成本	用最合理的成本完成运输
始发地	福建厦门
目的地	福建泉州

任务准备

👉 **任务准备 1：什么是运输、配送、送货**

运输是指利用载运工具、设施设备及人力等运力资源，使货物在较大空间上产生位置移动的活动。

配送是根据客户要求，对物品进行分类、拣选、集货、包装、组配等作业，并按时送达指定地点的物流活动。

送货一般是指配送中心的运输环节,属于物流运输中的末端运输、支线运输。

任务准备2:运输有哪些功能

1.产品转移功能

产品转移功能,即通过运输实现产品远距离的位置移动,创造产品的空间效用。通过运输活动,将产品从效用价值低的地方转移到效用价值高的地方,使产品的使用价值得到更好的实现,即实现产品的最佳效用价值。

2.产品临时储存功能

产品临时储存功能是指运输能够创造时间效用,因此具有一定的储存功能。通过储存保管,将产品从效用价值低的时刻延迟到效用价值高的时刻,再进入消费过程,使产品的使用价值得到更好的实现。在运输中,由于货物实际是储存在运输工具内的,为避免产品损坏或丢失,还必须为运输工具内的货物创造一定的储存条件,这在客观上创造了一定的储存条件,还创造了产品的时间效用。在中转供货系统中,产品经过运输节点时,有时需要做短时间的停留,此时,利用运载工具作为临时仓库进行短时间的储存是合理的。

任务准备3:运输方式如何分类

(一)按运输的设备及工具分类

按运输的设备及工具分类,可将运输方式分为铁路运输、公路运输、水路运输、航空运输和管道运输,如图3-3所示。管道运输比较特殊,用于运输大批量且连续不断的流体(液体、气体)和粉末状固体。五种运输方式各有优缺点(见表3-2),选择时应综合考虑,扬长避短,充分发挥每种运输方式的优势。运输方式的选择应满足运输的基本要求,即经济性、迅速性、安全性和便利性。由于运输对象、距离和时限的不同,对以上四大方面要求的程度也不同。

图3-3 按运输的设备及工具分类的运输方式

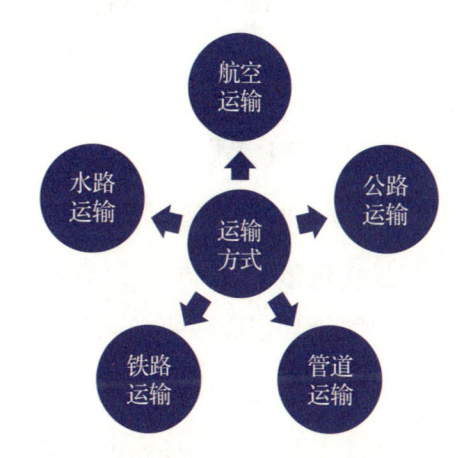

表3-2 五种运输方式的优点、缺点和适用范围

运输方式	优 点	缺 点	适 用 范 围
铁路运输	准时性强,运载量大,速度快,安全程度高,能耗少、污染少	基建投资额较大,运输范围受铁路线路限制,短途运输成本高	大宗、大批量货物的中长途运输
公路运输	灵活性强,实现"门到门"运输,无须转运或反复搬运,投资少、资金周转快	装载量小,成本较高,容易受气候和道路条件的制约,准时性差,货物安全性较低,环保性差	近距离、小批量的货运,适于水路、铁路运输难以到达的地区的长途货运

37

续表

运输方式	优 点	缺 点	适 用 范 围
水路运输	运载量大、运输成本低，投资少，运输能力大、环保性强	适用性低，受港口、水位、季节、气候影响较大，灵活性差，速度较慢	在江河、海洋范围内大批量、长距离的运输，或在内河及沿海的小批量、短距离运输
航空运输	速度快，灵活性强，安全性高，不受地形限制	运输成本和运费高，运载量小，能耗高，易受天气影响	适宜运载价值高、运费承担能力很强或紧急需要的物品
管道运输	载运量大，损耗少，能耗低，一般不受气候环境影响，货损率低，环保性强	适用范围有局限性，通用性差	适用于长期定向、定点输送量大且连续不断的气体、液体和粉状固体

（二）按运输的路线分类

按运输的路线分类，可将运输方式分为干线运输、支线运输、二次运输和厂内运输，如图 3-4 所示。

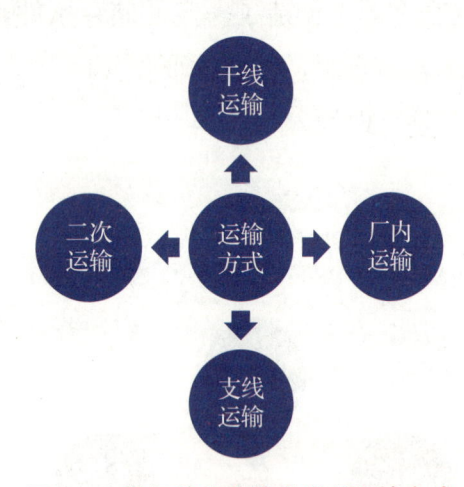

图 3-4 按运输的路线分类的运输方式

1. 干线运输

干线运输是利用铁路、公路的干线，以及大型船舶的固定航线进行的长距离、大数量的运输，是进行远距离空间位置转移的重要运输形式。

2. 支线运输

支线运输是相对于干线运输来说的，是在干线运输的基础上，对干线运输起辅助作用的运输形式。支线运输作为运输干线与收发货地点之间的补充，主要承担运输供应链中从供应商到运输干线上的集结点及从运输干线上的集结点到配送站的运输任务。

3. 二次运输

二次运输是干线、支线运输到站后，在站与客户仓库或指定地点之间的运输。干线、支线运输到站后，需要将货物由车站运至指定交货地点，比如，仓库、加工厂、集贸市场等。二次运输是干线、支线运输的补充性运输，一般路程较短，运量较小。

4. 厂内运输

厂内运输是工业企业范围内，直接为生产过程服务的运输。主要承担工业企业内车间与仓库间的运输任务，即将工业企业内部的生产原材料、设备、半成品、在制品与产成品等，从工业企业内部一个场所运往另一个场所的运输。

（三）按运输的作用分类

按运输的作用分类，可将运输分为集货运输和配送运输。

1. 集货运输

所谓集货运输，是指将分散的货物聚集起来集中运输的一种方式。因为货物集中后才能利用干线进行大批量、远距离的运输，所以集货运输是干线运输的一种补充性运输，多是短距离、小批量的运输。

2. 配送运输

配送运输是指将节点中已按客户需求配好的货物分别送到各个客户的运输，这一般是短距离、小批量的运输。从运输的角度讲，配送运输是对干线运输的一种补充和完善，具有时效性、安全性、方便性和经济性。

（四）按运输的协作程度分类

按运输的协作程度分类，可将运输方式分为一般运输、联合运输和多式联运，如图 3-5 所示。

1. 一般运输

一般运输是指单独采用不同运输工具或同类运输工具而没有形成有机协作关系的运输。比如，单独采用火车或者飞机进行运输。

2. 联合运输

联合运输简称联运，是指货主一次委托，由两个或两个以上运输企业协同将一批货物运送到目的地的活动。即整个运输过程使用同一运输凭证，由不同的运输企业使用不同的运输方式或者是相同的运输方式，进行有机衔接地运送物品，充分发挥不同运输企业的优势，从而提高运输效率的运输方式。联合运输可简化托运手续，加快运输速度，节省运费。

3. 多式联运

多式联运是指货物由一种运载单元装载，通过两种或两种以上运输方式连续运输，并进行相关运输物流辅助作业的运输活动。多式联运将全过程运输作为一个完整的单一运输过程来安排，将不同的运输方式组合成综合性的一体化运输，通过一次托运、一次计费、一张凭证、一次保险，由各运输区段的承运人共同完成货物的全过程运输。如图 3-6 所示。

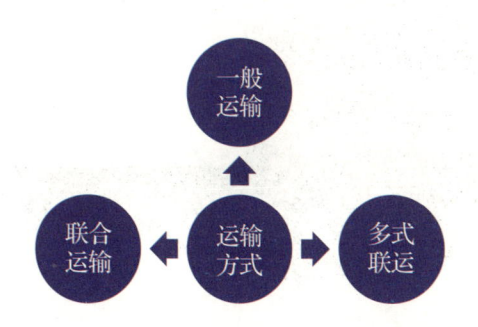

图 3-5　按运输的协作程度分类的运输方式

图 3-6　多式联运

扫一扫

请扫一扫如图 3-7 所示的二维码，进一步了解多式联运。

图 3-7　多式联运

（五）按货物的运营方式分类

按货物的运营方式分类，可将运输方式分为整车运输、零担运输和集装箱运输，如图 3-8 所示。

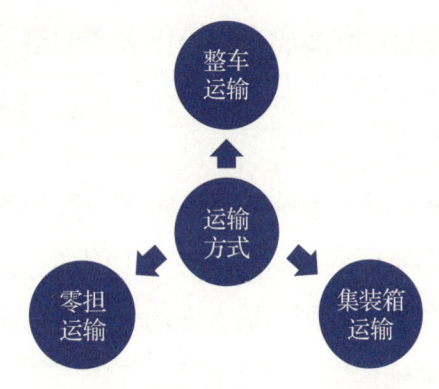

图 3-8　按货物的运营方式分类的运输方式

1. 整车运输

整车运输是指一批属于同一发（收）货人的货物且其重量、体积、形状或性质需要以一辆（或多辆）货车单独装运，并据此办理承托手续、组织运送和计费的运输活动。

2. 零担运输

零担运输是指一批货物的重量、体积、形状和性质不需要单独使用一辆货车装运，并据此办理承托手续、组织运送和计费的运输活动。

3. 集装箱运输

集装箱运输是指以集装箱这种大型容器为载体，将货物集合组装成集装单元，以便在现代流通领域内运用大型装卸机械和大型载运车辆进行装卸、搬运作业和完成运输任务，从而更好地实现货物门到门运输的一种新型、高效率和高效益的运输方式，如图 3-9 所示。

图 3-9　集装箱运输

（六）按货物的特性分类

按货物的特性分类，可将运输分为普通货物运输和特种货物运输。

1. 普通货物运输

普通货物运输是指对运输、装卸、保管无特殊要求的普通货物进行的运输。

2. 特种货物运输

特种货物运输是指对装卸、运送和保管等环节有特殊要求的货物的运输的统称。特种货物运输包括危险品运输、三超大件运输（超长、超宽、超高三超大件货物运输）、冷藏运输（见图3-10）、特殊机密物品运输及特种柜运输等。

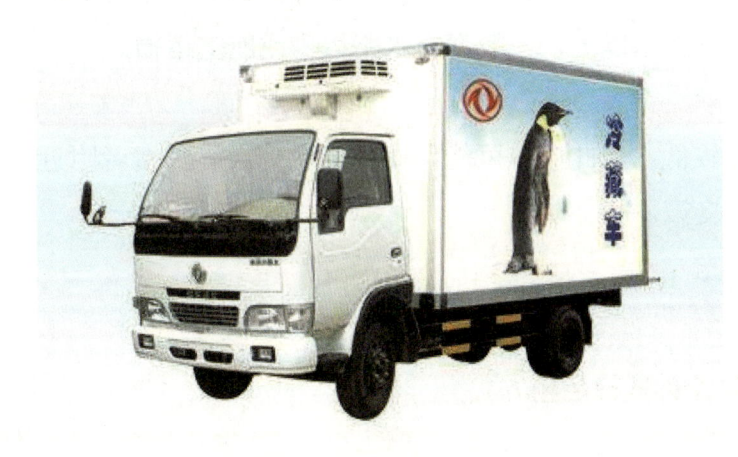

图 3-10　冷藏运输

👍 任务准备 4：运输方式选择的影响因素有哪些

运输方式选择的影响因素有货物品种、运输期限、运输成本、运输距离、运输批量，如图 3-11 所示。

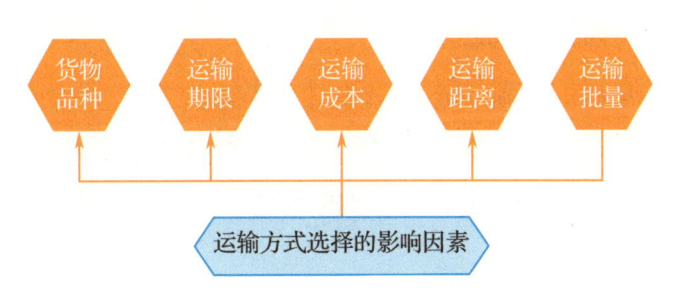

图 3-11　运输方式选择的影响因素

1. 货物品种

关于货物品种、性质及形状，应在包装上予以说明，并选择适合这些货物特性和形状的运输方式。

2. 运输期限

运输期限是指承运人对所接收运送的货物负有责任的时间。承运人应根据运输期限选择合适的运输方式，确保在规定时间内将货物送达目的地。

3. 运输成本

运输成本是指运输业完成客货运输所支出的各项费用的总和，是运输产品价值的主要组成部分，也是合理制订运输价格的基础。运输成本一般由工资、材料、燃料、电力、修理与折旧、企业管理费等项费用构成。运输成本因货物的种类、重量、容积、运输距离不同而不同。此外，运输工具不同，运输成本也会发生变化。

4. 运输距离

运输距离是人、物输送从起点到终点的间隔。在选择运输方式时应该考虑运输距离，如运输距离在300千米以内，一般选择公路运输；运输距离在300～500千米，一般选择铁路运输；运输距离在500千米以上，一般选择水路运输或航空运输。

5. 运输批量

大批量运输成本较低，因此应尽可能使商品集中到最终消费者附近。选择合适的运输方式是降低运输成本的良策。

任务执行

步骤1：根据货物品种选择运输方式

见表3-1，货物为空调，空调属于普通货物，因此这批货物属于普通货物运输。

步骤2：根据运输批量选择运输方式

参考降低运输成本策略：20吨以下的货物选择公路运输；20吨以上的货物选择铁路运输；数百吨以上的货物选择水路运输。由表3-1可知，这批货物的总重量为13吨，因此这批货物建议选择公路运输。

步骤3：根据运输距离选择运输方式

参考运输距离经济原则：运输距离在300千米以内，一般选择公路运输；运输距离在300～500千米，一般选择铁路运输；运输距离在500千米以上，一般选择水路运输或航空运输。由表3-1可知，这批货物的始发地是厦门，目的地是泉州，运输距离为200千米，因此，这批货物建议选择公路运输。

步骤4：根据运输期限和成本选择运输方式

由表3-1可知，这批货物要求以最合理的成本在一天内从厦门送达泉州。航空运输虽快，但成本太高；铁路运输和水路运输虽成本较低，但都不能实现门到门运输，而且转运也需要一定的时间。综合考虑成本和时间两个因素，这批货物应选择公路运输。

步骤5：确定运输方式

综合考虑货物品种、运输批量、运输距离、运输期限和运输成本等因素，这批货物建议选择普通货物公路运输方式。

任务评价

在完成上述任务后，教师组织进行三方评价，并对学生的任务执行情况进行点评。学生完成表 3-3 的填写。

表 3-3 "体验运输作业"任务评价表

任务		评价得分				
任务组		成员				
评价标准	评价任务	分值	自我评价（20%）	他组评价（30%）	教师评价（50%）	合计（100%）
	认真预习思考并记录疑惑的地方	40				
	能够理解和掌握运输的概念、功能和分类	30				
	能够根据运输货物品种、运输距离和运输期限等因素选择正确的运输方式	30				
合计		100				

任务二　体验仓储作业

任务展示

（1）请扫一扫如图 3-12 所示的二维码，预习本任务的学习资料。

（2）通过查阅相关资料，请你谈谈什么是仓储，什么是物流中心，仓库如何分类，仓储管理的任务是什么，仓储合理化的主要措施有哪些。

图 3-12　本任务的学习资料

任务准备

任务准备 1：什么是仓储

仓储（Warehousing）是指利用仓库及相关设施设备进行物品的入库、储存、出库的活动。仓储是物流的两大基本活动之一。

"仓"也称仓库（Warehouse），如图 3-13 所示，它是存放、保管、储存货物的建筑物和场地的总称，具有存放和保护货物的功能。仓库一般由储存物品的库房、运输传送设施（如吊车、电梯、滑梯等）、出入库房的输送管道和设备，以及消防设施、管理用房等组成。

"储"也称储存（Storing），是指保护、管理、贮藏物品。

"仓储"则是利用仓库存放、储存和管理未及时使用的货物的行为。仓储具有静态和动态两种：当产品不能被及时消耗，需要专门场所存放时，产生了静态的存储；而将货物存入仓库并进行保管、控制及提供使用等管理活动时，就成了动态的仓储。

图 3-13　仓库

任务准备 2：什么是物流中心

物流中心是指具有完善的物流基础设施及信息网络，可便捷地连接外部交通运输网络，物流功能健全，集聚辐射范围大，存储、吞吐能力强，为下游客户提供专业化公共物流服务的场所或组织，如图 3-14 所示。物流中心应基本符合下列要求：

（1）主要面向社会提供公共物流服务；
（2）物流功能健全；
（3）集聚辐射范围大；
（4）存储、吞吐能力强，能为转运和多式联运提供物流支持；
（5）为下游配送中心客户提供物流服务。

图 3-14　物流中心

任务准备3：仓库如何分类

仓库从不同的角度可以有不同的分类。例如，可以按照仓库的用途进行分类、按照所保管货物的特性进行分类、按照仓库的构造进行分类、按照仓库的功能进行分类、按照技术处理方式及保管方式进行分类、按照选址进行分类。本书主要按照仓库的用途进行分类。

（1）自营仓库（Private Warehouse）：由企业或各类组织自主经营和自行管理，为自身的物品提供储存和保管的仓库。

（2）公共仓库（Public Warehouse）：面向社会提供物品储存服务，并收取费用的仓库。

（3）保税仓库（Bonded Warehouse）：经海关批准设立的，专门存放保税货物及其他未办结海关手续货物的仓库，如图3-15所示。保税仓库是保税制度下应用最广泛的一种仓库形式。

图3-15 保税仓库

扫一扫

请扫一扫如图3-16所示的二维码，进一步了解保税仓库。

图3-16 保税仓库

任务准备4：仓储的功能有哪些

1. 储存和保管功能

仓库具有一定的空间，用于储存物品，并根据储存物品的特性配备相应的设备，以保持储存物品的完好性。例如，储存具有挥发性溶剂的仓库，必须设有通风设备，以防止空气中挥发性物质含量过高而引起爆炸；储存精密仪器的仓库，需防潮、防尘、恒温，因此，应安装空调、除湿机等设备。在仓储活动中，还有一个基本要求，就是防止搬运和堆放时碰坏、压坏物品，从而要求搬运器具和操作方法不断改进和完善，使仓储真正起到储存和保管的作用。

2. 调节运输功能

在物流的七大活动当中，运输和仓储关系密切，通过仓储可以衔接不同的运输形式，提高运输能力。

3. 调节供需功能

创造物质的时间效用是物流的两大基本职能之一，物流的这一职能是由物流系统的仓库来完成的。现代化大生产的形式多种多样，从生产和需求的连续来看，每种产品都有不同的特点，有些产品的生产是均衡的，而需求是不均衡的；还有一些产品的生产是不均衡的，而需求却是均衡的。仓储调节供需示意图如图 3-17 所示，要使生产和需求协调起来，就需要仓库来起"蓄水池"的调节作用。

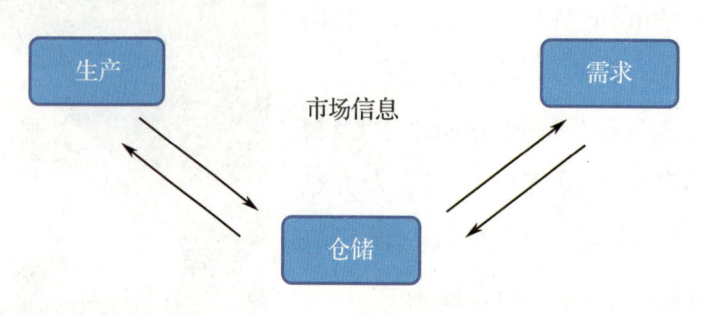

图 3-17 仓储调节供需示意图

4. 流通加工和配送功能

现代仓储已处在由保管型向流通型转变的过程之中，即仓储由储存、保管货物的中心向流通、销售中心转变。在仓储系统中，不仅要有储存、保管货物的设备，还要增加分拣、配套、流通加工、信息处理等设备。这样，既扩大了仓储的经营范围，又提高了仓储的服务质量。

5. 信息传递功能

随着以上功能的改变，仓储对信息传递的要求也发生了变化。在处理仓储活动有关的各项事务时，需要依靠计算机和互联网，通过电子数据交换（Electronic Data Interchange，EDI）和条形码技术来提高仓储物品信息的传输速度，及时而又准确地了解仓储信息。

任务执行

步骤 1：查阅资料，了解形形色色的仓库

上网查阅资料，了解仓库的分类情况，并填写表 3-4。

表 3-4 仓库的分类

分类标准	仓库类型	仓库简要说明
按构造分类	平房仓库	
	多层仓库	
	高层货架仓库	
	散装仓库	
	罐式仓库	

续表

分类标准	仓库类型	仓库简要说明
按功能分类	生产仓库	
	储备仓库	
	集配型仓库	
	中转分货型仓库	
	加工型仓库	
	流通仓库	
按技术处理方式及保管方式分类	普通仓库	
	冷藏仓库	
	恒温仓库	
	危险品仓库	
按选址分类	港口仓库	
	内陆仓库	
	枢纽站仓库	

步骤 2：查阅资料，了解仓储管理的主要任务

仓储管理工作涉及面广，其主要任务主要有计划管理、入库管理、在库管理、出库管理和安全管理等。

1. 计划管理

在仓储管理中，仓储计划一般包括入库计划、设备利用计划、保管养护计划、出库计划、储存费用计划等内容。在仓储管理中，必须准确预测并编制各种计划。

2. 入库管理

入库管理是仓储业务的开始，一般包括核对入库凭证、验收货物、装卸搬运、入库上架及办理入库手续等。入库管理直接影响后续的在库管理及出库管理。

3. 在库管理

在库管理是根据货物本身的特性及进出库的要求，对入库货物进行保管、维护等工作。妥善保管好储存中的物资，是在库管理工作的中心任务，对于改善物流企业的经营管理，提高经济效益都有着重要的作用。

4. 出库管理

出库管理工作是仓储业务活动的终点。出库及时、准确、方便是对物流企业的基本要求，也是衡量仓储工作质量的重要标志。

5. 安全管理

仓储的安全管理主要包括储存场所的防火、防盗，以及对某些特殊货物的防潮、防爆炸、防泄漏等工作。加强仓库的安全管理，对于维护货物的品质、数量不受损害，提高企业效益，

具有举足轻重的作用。

步骤 3：查阅资料，了解仓储合理化的主要措施

仓储管理的目标是追求仓储合理化，即用最经济的方法来实现仓储的功能。其实质是在保证仓储功能实现的前提下尽量减少投入。实现仓储合理化的主要措施如下。

（1）对储存的货物和设施进行 ABC 库存管理。

（2）提高储存密度，提高仓容利用率。

（3）采用有效的储存定位系统。

（4）采用有效的监测清点方式。

（5）采用仓储现代储存保养技术。

（6）采用集装箱、集装袋、托盘等储运设备一体化方式。

（7）认真进行商品在库检查。

步骤 4：各组派一名代表上台分享

各组派一名代表上台将本组上网查找的资料与大家分享。

任务评价

在完成上述任务后，教师组织进行三方评价，并对学生的任务执行情况进行点评。学生完成表 3-5 的填写。

表 3-5 "体验仓储作业"任务评价表

任务		评价得分			
任务组		成员			
	评价任务	分值	自我评价（20%）	他组评价（30%）	教师评价（50%）	合计（100%）
评价标准	认真预习思考并记录有疑惑的地方	20				
	能够理解仓储的概念、功能和仓库的分类	30				
	了解仓储管理业务，能够进行合理化仓储管理	50				
合计		100				

任务三　体验配送作业

任务展示

（1）请扫一扫如图3-18所示的二维码，预习本任务的学习资料。

（2）请两位学生分别扮演王老板和小李（王老板是某零售店的老板，小李是某配送中心的送货员）。

图 3-18　本任务的学习资料

小李：老板，我来给您送货。

王老板：你们配送中心的送货速度怎么这么慢？我订的货应该昨天就要送到啊！

小李：对不起，我们公司那边有点问题。

王老板：怎么你们送来的货与我订单内容不一样啊？

小李：是吗？

王老板：这个产品不对，我要的是冰红茶，你送的是冰绿茶，数量也不对，我要30瓶，你们只拿了20瓶！真是乱七八糟！

请你分析一下为什么会出现这种情况，以及如何避免这种情况再次发生。

任务准备

任务准备1：什么是配送

配送（Distribution）是指在经济合理区域范围内，根据客户要求，对物品进行集货、分类、储存、拣选、加工、包装、组配等作业，并按时送达指定地点的物流活动。配送的目的在于最大限度地压缩流通时间，降低流通费用，提高客户服务水平，降低社会的总成本，实现资源的最优配置。

配送的含义包含以下几点。

（1）配送几乎包含了所有的物流功能要素，是物流的一个缩影或在某小范围内物流全部活动的体现，所以配送又被称为"小物流"。

（2）配送的实质是送货，但是在送货前要在物流配送中心有效地利用分拣、配货等理货工作，使送货达到一定的规模，利用规模优势取得较低的送货成本。因此，配送是特殊的送货，是高水平的送货。

（3）配送是从物流节点对客户终端进行物资配置的运输，在整个运输过程中，处于"二次运输""支线运输""末端运输"的位置。

（4）配送完全按照客户要求的数量、种类、时间等进行分货、配货、配装等工作。

任务准备2：配送如何分类

（一）按配送商品的种类和数量分类

1. 少品种大批量配送

少品种大批量配送适用于需要量较大的商品，单独一种或少数几种品种就可以达到较大运输量，不需要与其他商品进行搭配，可实行整车运输，如煤炭等。

2. 多品种少批量配送

多品种少批量配送是指按客户的要求，将客户所需的各种需要量不大的商品配备齐全，拼装成整车后由配送中心送达客户手中。这种配送类型可以满足客户的个性化需要，主要适用于对配送频率要求高的企业销售或供应领域，也适用于电子商务领域。它是一种高水平、高技术的方式，是发达国家大力推崇的方式。

3. 成套（配套）配送

成套（配套）配送是根据企业的生产要求，将企业生产所需的物资或产品配套部件配齐，按照生产节奏定时送达生产企业，生产企业可随时将此成套零部件送入生产线装配产品的一种配送形式。这种配送有利于生产企业专注于生产，加快生产进度。

（二）按配送时间及数量分类

1. 定时配送

定时配送是指按规定的时间间隔进行配送，如数天一次或数小时一次。配送品种和数量可根据客户的要求有所不同。

定时配送一般包括周配送、月配送、日配送、准时配送和快递等。

2. 定量配送

定量配送是指按规定的批量，在一个指定的时间范围内配送。这种配送数量固定，备货工作简单，配送成本较低。同时由于配送数量固定，也利于客户安排人力和设备接货。

3. 定时定量配送

定时定量配送是指按规定的配送时间和配送数量进行配送。这种配送兼有定时和定量两种方式的优点，但对配送组织的要求较高、计划难度大、实际操作困难，是一种理想的配送服务方式，是企业配送服务努力发展的方向。

4. 定时定线配送

定时定线配送是指在规定的运行路线上，制订到达时间表，按运行时间表进行配送，也称班车配送。这种配送对配送企业来说，有利于安排车辆和人员，但受时间和线路限制，灵活性不强。

5. 即时配送

即时配送是指根据客户产生的即刻服务要求，立即响应并且短时间内送达的配送活动。

即时配送是一种灵活性很高的应急配送方式,采用这种方式对客户来说可以实现保险储备的零库存,用即时配送代替保险储备。但对配送企业来说很难充分利用运力,计划性差,配送成本高。主要针对客户由于事故、灾害、生产计划突变或销售预测失误即将断线等所产生的突发性需求。

(三)按配送的组织形式分类

1. 配送中心配送

配送的组织者是配送中心,专业性较强,与客户存在固定的配送关系。

2. 仓库配送

以仓库为据点进行配送,可以是把仓库完全改造成配送中心;也可以是在保持仓库原功能的前提下,增加部分配送职能。仓库配送规模较小,专业化程度低。

3. 生产制造企业配送

配送的组织者是生产企业时,可以直接由本企业进行配送而无须将产品发运到配送中心配送,避免了一次物流中转,具有一定的优势。一般适合地方性强的生产企业,如就地生产、就地消费的食品生产企业、饮料生产企业等。

任务准备3:配送的一般流程是什么

配送的一般流程往往涉及多品种、少批量、多批次、多目的地的货物。正是通过配送,这些货物才能有效地实现末端资源配置,配送的一般流程如图3-19所示。

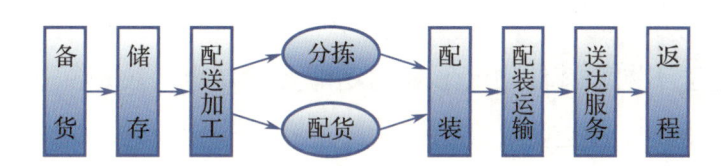

图3-19 配送的一般流程

任务执行

步骤1:任务分析

"任务展示"中出现的问题属于典型的配送失误。频繁的配送失误会造成客户的不满而导致客户的大量流失,对配送中心的影响极为不好。在一种完整的营销形态及其营销流程中,配送系统也是极其重要和不可缺少的一环,配送系统的好坏通常关系整个营销形态中营销效果的好坏。套用传统的营销理论来讲,它实际上就是生产商的产品在整个销售过程中的物流系统,这是诸多企业花大力气、大投入来努力开展的一项工作。对于任何生产型企业或规模巨大的流通供货商而言,这种现代化配送系统的建设都显得尤其重要。

如何避免"任务展示"中的配送失误再度发生呢?那就要严格按照配送的流程来进行作

业，加强配送中心的管理，具体做法如下。

1. 备货

备货是配送的准备工作或基础工作，包括筹集货源、订货或购货、集货、进货及有关的质量检查、结算、交接等。配送的优势之一是可以集中客户的需求进行一定规模的备货。

2. 储存

配送中的储存有储备及暂存两种状态。

（1）储备。配送储备是按一定时期的配送经营要求形成的对配送的资源保证。这种类型的储备数量较大，储备结构也较完善，视货源及到货情况，可以有计划地确定周转储备及保险储备结构及数量。配送的储备保证有时在配送中心附近单独设库解决。

（2）暂存。配送的另一种储存形态是暂存，是指在具体执行配送时，按分拣配货要求，在理货场地所做的少量储存准备。由于总体储存效益取决于储存总量，因此，这部分暂存数量只会对工作方便与否造成影响，而不会影响储存的总效益，因而在数量上控制并不严格。还有另一种形式的暂存，是分拣、配货之后形成的发送货载的暂存，这个暂存主要是调节配货与送货的节奏，暂存时间不长。

3. 配送加工

配送加工是流通加工的一种，是按照客户的要求，对商品进行包装、分割、计量、分拣、刷标志、拴标签、组装等简单作业。配送加工在配送中不具有普遍性，但是往往起到很重要的作用。配送加工可以大大提高客户的满意程度并提高被配送货物的附加价值。

4. 分拣及配货

分拣及配货是配送不同于其他物流形式的功能要素，也是决定配送成败的一项重要的支持性工作。分拣及配货是完善送货、支持送货的准备性工作，是不同配送企业在送货时进行竞争和提高自身经济效益的必然延伸，所以也可以说是送货向高级形式发展的必然要求。有了分拣及配货就会大大提高送货服务水平，所以分拣及配货是决定配送系统水平的关键要素。

5. 配装

在单个配送数量不能达到车辆的有效载运负荷时，就存在如何将不同客户的配送货物进行搭配装载，充分利用运能、运力的问题，这就需要配装。和一般送货的不同之处在于，配装可以大大提高送货水平及降低送货成本，减少运次，同时能缓解交通流量过大造成的交通堵塞，所以配装也是配送系统中具有现代特点的功能要素之一。

6. 配送运输

配送运输属于运输中的末端运输、支线运输，和一般运输形态的主要区别在于：配送运输是较短距离、较小规模、频次较高的运输形式，一般使用汽车和其他小型车辆作运输工具。配送运输与干线运输的另一个区别是，配送运输路线选择问题是一般干线运输所没有的，干线运输的干线是唯一的运输路线，而配送运输由于配送客户多，一般城市交通路线又较复杂，如何选择最佳路线、如何使配装和路线有效搭配等，便成为配送运输的工作难点。

7. 送达服务

将配好的货物运输到客户处还不算配送工作的结束，这是因为货物送达与客户接货往往还会出现不协调的情况，使配送前功尽弃。因此，要圆满地实现运到货物的移交，方便、有效地处理相关手续并完成结算，还应讲究卸货地点、卸货方式等。送达服务也是配送独具的特色。

8. 返程

在执行完配送的使命之后，车辆需要返程，返程车辆如果空缺，会降低配送效益、提高配送成本，在规划配送路线时，返程车辆可将包装物、废弃物、残次品运回集中处理，或者将客户的产品运回配送中心，作为配送中心的资源，向其他客户进行配送。

👍 **步骤2：各组派一名代表上台分享**

各组派一名代表上台将本组上网查找的资料与大家分享。

任务评价

在完成上述任务后，教师组织进行三方评价，并对学生的任务执行情况进行点评。学生完成表3-6的填写。

表3-6 "体验配送作业"任务评价表

任务		评价得分				
任务组		成员				
评价标准	评价任务	分值	自我评价（20%）	他组评价（30%）	教师评价（50%）	合计（100%）
	认真预习思考并记录下疑惑的地方	20				
	能够理解配送的概念、类型及一般流程	30				
	能够对任务进行分析并分享	50				
	合计	100				

任务四　体验信息处理作业

任务展示

（1）请扫一扫如图3-20所示的二维码，预习本任务的学习资料。

图3-20　本任务的学习资料

（2）上网查阅资料，了解信息和物流信息的含义、作用、特征和分类。

任务准备

任务准备1：什么是信息

信息是经过加工处理并对人类客观行为产生影响的数据表现形式，是经过加工处理的对人类有价值的数据。信息以数据的形式来表示，加载在数据之上并对数据的具体含义进行解释。信息具有共享性、存储性、时效性、准确性、可加工性、传递性、不对称性和滞后性。

任务准备2：什么是物流信息

物流信息（Logistics Information）是反映物流各种活动内容的知识、资料、图像、数据的总称。物流活动中各个环节生成的信息，一般随着从生产到消费的物流活动的产生而产生，与物流过程中的运输、储存、装卸、包装等各种职能有机结合在一起，是整个物流活动顺利进行所不可缺少的信息。

任务准备3：物流信息的作用是什么

物流信息在物流活动中具有十分重要的作用，其作用如下。

1. 沟通联系的作用

物流系统是由许多个行业、部门及众多企业群体构成的经济大系统，系统内部通过各种指令、计划、数据、广告、商情等物流信息，建立起各种纵向和横向的联系，沟通供应商、生产商、销售商、物流商和消费者，以满足各方的需要。

2. 引导和协调的作用

物流信息随着物资、货币及物流当事人的行为等信息载体进入物流供应链中，同时信息的反馈也随着信息载体反馈给供应链上的各个环节。依靠物流信息及其反馈可以引导供应链结构的变动和物流布局的优化；协调物资结构，使供需平衡；协调人、财、物等物流资源的配置，促进物流资源的整合和合理使用等。

3. 缩短供应链的作用

为了应对需求波动，在物流供应链的不同节点上通常设置有库存，这些库存提高了供应链成本。但是，如果能够实时地掌握供应链上不同节点的信息，如知道在供应链中，什么时候、什么地方、多少数量的货物可以到达目的地，就可以发现供应链上过多的库存并进行缩减，从而缩短物流链，提高物流服务水平。

4. 管理控制的作用

物流系统可以通过建立合理的指标体系来评价和控制物流活动，而物流信息则作为"变量"来与标准进行比较，考察和确定指标体系是否有效、物流活动是否正常。

5. 辅助决策分析的作用

物流信息可以以决策结论的形式出现，也可以以决策依据的形式出现，协助管理人员鉴别、评估和比较物流战略及策略上的可选方案，以做出有效的物流决策。

6. 支持战略计划的作用

在物流信息的支持下，开放和确定物流战略。这类决策往往是决策分析层次的延伸，但通常更加抽象、松散，并且注重长期性。

7. 价值增值的作用

在物流基础服务中利用物流信息技术可以增加客户的价值。

任务执行

👉 **步骤1：查阅资料，了解物流信息的特征**

物流信息具有自己的一些特征，从图3-21物流公共信息平台中可以看出物流信息具有信息量大、分布广、种类多等特征。

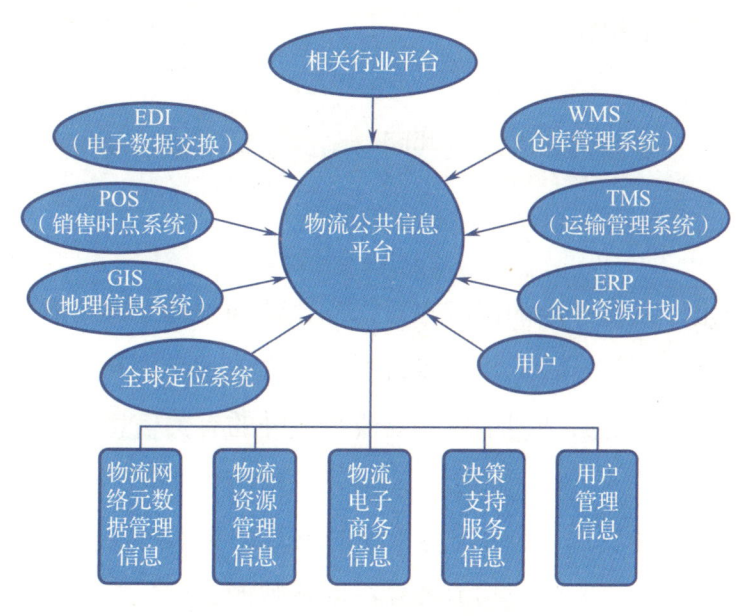

图 3-21 物流公共信息平台

常见的物流信息技术见表3-7。

表 3-7 常见的物流信息技术

物流信息技术	英文（简称）	定 义
电子数据交换	Electronic Data Interchange（EDI）	采用标准化的格式，利用计算机网络进行业务数据的传输和处理。
销售时点系统	Point Of Sale（POS）	利用自动识别设备，按照商品最小销售单位读取实时销售信息，以及采购、配送等环节发生的信息，并对这些信息进行加工、处理和共享的系统。
地理信息系统	Geographical Information System（GIS）	在计算机技术支持下，对整个或部分地球表层（包括大气层）空间中的有关地理分布数据进行采集、储存、管理、运算、分析、显示和描述的系统。

续表

物流信息技术	英文（简称）	定　义
全球定位系统	Global Positioning System	以人造卫星为基础、24h 提供高精度的全球范围的定位和导航信息的系统。
仓库管理系统	Warehouse Management System（WMS）	对物品入库、出库、盘点及其他相关仓库作业，仓储设施与设备，库区库位等实施全面管理的计算机信息系统。
运输管理系统	Transportation Management System（TMS）	在运输作业过程中，进行配载作业、调度分配、线路规划、行车管理等多项任务管理的系统。
企业资源计划	Enterprise Resource Planning（ERP）	在制造资源计划（MRP Ⅱ）的基础上，通过前馈的物流和反馈的信息流、资金流，把客户需求和企业内部的生产经营活动以及供应商的资源整合在一起，体现按客户需求进行经营管理的一种管理方法。

1. 信息量大、分布广

由于物流是一个大范围的活动，物流信息源也分布于一个大范围内，信息的产生、加工和应用在时间和地点上各不相同。

2. 联系性

物流活动是多环节、多因素、多角色共同参与的活动，该活动中所产生的各种物流信息必然存在十分密切的联系。

3. 种类多

物流信息种类繁多，从其作用的范围来看，本系统内部各个环节有不同种类的信息，如流转信息、作业信息、控制信息等。物流系统外也存在各种不同种类的信息。由于物流系统与其他系统密切相关，因而还必须搜集这些物流系统外的有关信息。

4. 动态性

物流信息的价值衰减速度快，这对信息管理的及时性要求比较高。物流信息的及时搜集、快速响应、动态处理已成为主宰现代物流经营活动成败的关键。

5. 复杂性

在物流活动中，必须对不同来源、不同种类、不同时间和相互联系的物流信息进行反复研究和处理，这样才能得到有实际应用价值的信息，去指导物流活动，这是一个非常复杂的过程。

步骤 2：查阅资料，了解物流信息的分类

物流的分类有很多种，信息的分类更是有很多种，因此物流信息的分类方法也有很多种。

1. 按功能分类

按信息产生和作用所涉及的不同功能领域分类，物流信息包括仓储信息、运输信息、加工信息、包装信息、装卸信息等，如图 3-22 所示。对于某个功能领域还可以进一步细化，如仓储信息可分成入库信息、出库信息、库存信息、搬运信息等。

```
              按功能分类
    ┌─────┬─────┼─────┬─────┐
  仓储信息 运输信息 加工信息 包装信息 装卸信息
```

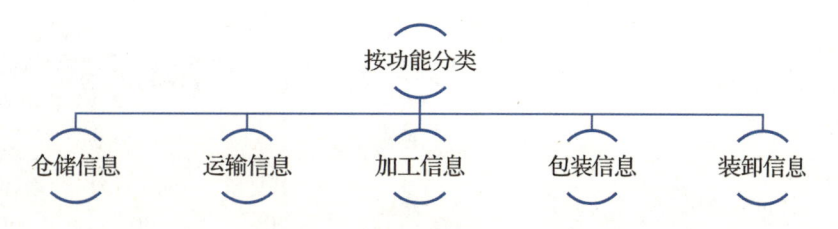

图 3-22　物流信息按功能分类

2. 按环节分类

根据信息产生和作用的环节分类，物流信息可分为输入物流活动的信息和物流活动产生的信息。

3. 按作用层次分类

根据信息作用的层次分类，物流信息可分为基础信息、作业信息、协调控制信息和决策支持信息，如图 3-23 所示。基础信息是物流活动的基础，是最初的信息源，如物品基本信息、货位基本信息等。作业信息是物流作业过程中发生的信息，信息的波动性大，具有动态性，如库存信息、到货信息等。协调控制信息主要是指物流活动的调度信息和计划信息。决策支持信息是指对物流计划、决策、战略具有影响或有关的统计信息或有关的宏观信息，如科技、产品、法律等方面的信息。

```
           按作用层次分类
    ┌───────┬───────┬───────┐
  基础信息  作业信息  协调控制信息  决策支持信息
```

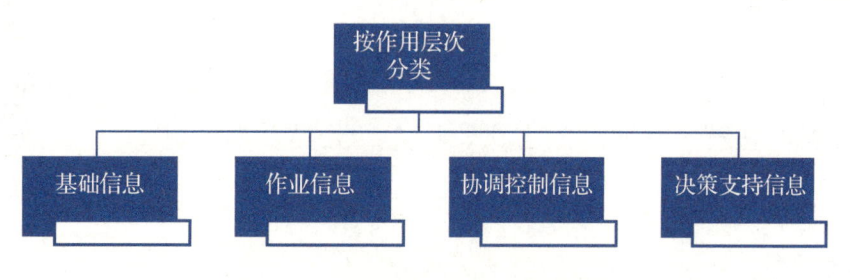

图 3-23　物流信息按作用层次分类

4. 按加工程度的不同分类

按加工程度的不同分类，物流信息可以分为原始信息和加工信息。原始信息是指未加工的信息，是信息工作的基础，也是最有权威性的凭证性信息。加工信息是对原始信息进行各种方式和各个层次处理后的信息，这种信息是对原始信息的提炼、简化和综合，是利用各种分析工作在海量数据中发现潜在的、有用的信息和知识。

任务评价

在完成上述任务后，教师组织进行三方评价，并对学生的任务执行情况进行点评。学生完成表 3-8 的填写。

表 3-8 "体验信息处理作业"任务评价表

任务		评价得分				
任务组		成员				
评价标准	评价任务	分值	自我评价（20%）	他组评价（30%）	教师评价（50%）	合计（100%）
	认真预习思考并记录下疑惑的地方	20				
	能够理解物流信息的概念、特征和分类	40				
	能够说明物流信息在物流活动中的作用并运用	40				
	合计	100				

任务五　体验装卸搬运作业

任务展示

（1）请扫一扫如图 3-24 所示的二维码，预习本任务的学习资料。

（2）查阅资料，理解装卸搬运的含义、特点、分类及如何进行合理化装卸搬运管理。

图 3-24　本任务的学习资料

任务准备

任务准备 1：什么是装卸搬运

装卸（Loading and Unloading）是指在运输工具间或运输工具与存放场地（仓库）间，以人力或机械方式对物品进行载上载入或卸下卸出的作业过程。

搬运（Handling）是指在同一场所内，以人力或机械方式对物品进行空间移动的作业过程。

装卸是改变物的存放、支撑状态的活动，主要指物体上下方向的移动。而搬运是改变物的空间位置的活动，主要指物体横向或斜向的移动。通常装卸搬运是合在一起用的。

任务准备 2：装卸搬运的特点是什么

1. 附属性、伴生性

装卸搬运是物流每一项活动开始及结束时必然发生的活动，因而有时常被人忽视，有时被看作其他操作不可缺少的组成部分。例如，一般而言，公路运输实际就包含了相随的装卸搬运，仓库中泛指的保管活动也含有装卸搬运活动。

2. 支持性、保障性

装卸搬运的附属性不能理解成被动的，实际上，装卸搬运对其他物流活动有一定的决定性。装卸搬运会影响其他物流活动的质量和速度，如装车不当，会引起运输过程中的损失；卸放不当，会引起货物转换成下一步运动的困难。

3. 衔接性

在任何其他物流活动互相过渡时，都是以装卸搬运来衔接的，因此，装卸搬运往往成为整个物流的"瓶颈"。装卸搬运是物流各功能之间能否形成有机联系和紧密衔接的关键，而这又是一个系统的关键。建立一个有效的物流系统，关键看这一衔接是否有效。

任务执行

步骤1：了解装卸搬运的分类

1. 按设备对象分类

按设备对象分类，装卸搬运可分为仓库装卸、铁路装卸（见图3-25）、港口装卸（见图3-26）、汽车装卸（见图3-27）、飞机装卸（见图3-28）等。仓库装卸配合入库、出库、维护保养等活动进行，并且以堆垛、上架、取货等操作为主。

图3-25 铁路装卸

图3-26 港口装卸

图3-27 汽车装卸

图3-28 飞机装卸

2. 按机械分类

按机械分类，装卸搬运可分成使用吊车的吊上吊下方式、使用叉车的叉上叉下方式、使用半挂车或叉车等的滚上滚下方式、移上移下方式及散装散卸方式等。

（1）吊上吊下方式。采用各种起重机械从货物上部起吊（见图3-29），依靠起吊装置的垂直移动实现装卸，并在吊车运行的范围内或回转的范围内实现搬运或依靠搬运车辆实现小搬运。由于吊起及放下属于垂直运动，因此这种装卸方式属于垂直装卸。

（2）叉上叉下方式。采用叉车从货物底部托起货物，并依靠叉车的运动进行货物位移，搬运完全靠叉车本身，货物可不经中途落地直接放置到目的处（见图3-30）。这种方式垂直运动不大而主要是水平运动，属于水平装卸方式。

图 3-29　吊上吊下方式　　　　　　图 3-30　叉上叉下方式

（3）滚上滚下方式。主要指港口装卸的一种水平装卸方式。利用叉车或半挂车、汽车承载货物，连同车辆一起开上船，到达目的地后再从船上开下，称为滚上滚下方式。利用叉车的滚上滚下方式，在船上卸货后，叉车必须离船，拖车再将半挂车、平车或汽车拖拉至船上，拖车开下离船而载货车辆连同货物一起运到目的地，再原车开下或拖车上船拖拉半挂车、平车或汽车开下。滚上滚下方式需要有专门的船舶，对码头也有不同的要求，这种专门的船舶称为滚装船。

（4）移上移下方式。在两车之间（如火车及汽车）进行靠接，然后利用各种方式，不使货物垂直运动，而靠水平移动从一个车辆上推移到另一车辆上，称为移上移下方式。移上移下方式需要使两种车辆水平靠接，因此，对站台或车辆货台需进行改变，并配合移动工具实现这种装卸。

（5）散装散卸方式。对散装物进行装卸。一般从装点直到卸点，中间不再落地，这是集装卸与搬运于一身的装卸方式。

3. 按作业特点分类

按作业特点分类，装卸搬运可分成连续装卸与间歇装卸两类。

（1）连续装卸。主要是同种大批量散装或小件杂货通过连续输送机械，连续不断地进行作业，中间无停顿，货间无间隔。在装卸量较大、装卸对象固定、货物对象不易形成大包装的情况下适合采取这一方式。

（2）间歇装卸。有较强的机动性，装卸地点可在较大范围内变动，主要适用于货流不固定的各种货物。包装货物、大件货物，散粒货物也可采取此种方式。

4. 按其他方式分类

按被装物的主要运动形式分类，装卸搬运可分为垂直装卸、水平装卸两种形式。

按装卸搬运的对象分类，装卸搬运可分成散装货物装卸、单件货物装卸和集装货物装卸等。

步骤2：进行合理化装卸搬运管理

对装卸搬运的管理，主要是对装卸搬运方式、装卸搬运机械设备进行合理化选择、配置与使用，从而尽可能减少装卸搬运次数，以节约物流费用，获得较好的经济效益。装卸搬运合理化实现的途径有以下几个方面。

1. 避免无效装卸

无效装卸是指消耗于有用货物必要装卸劳动之外的多余装卸劳动。一般装卸操作中无效装卸的具体表现有过多的装卸次数、过大的装卸包装、无效的装卸物资等。

2. 提高灵活性

所谓装卸搬运的灵活性，是指对在装卸作业中的物料进行装卸作业的难易程度。所以，在堆放货物时，事先要考虑到物料装卸作业的方便性。装卸搬运的灵活性根据物料所处的状态，即物料装卸、搬运的难易程度，可分为不同的级别。

扫一扫

请扫一扫如图3-31所示的二维码，了解装卸搬运的灵活性等级。

图3-31 装卸搬运的灵活性等级

3. 实现省力化

装卸搬运使物料发生垂直和水平位移，必须通过做功才能实现，要尽力实现装卸作业的省力化。在装卸作业中应尽可能地消除重力的不利影响。在有条件的情况下利用重力进行装卸，可减轻劳动强度并减少能量的消耗。

4. 提高机械化

随着生产力的发展，装卸搬运的机械化程度将不断提高。此外，装卸搬运的机械化还能把工人从繁重的体力劳动中解放出来，尤其对于危险品的装卸作业，机械化能保证人和货物的安全，也是装卸搬运机械化程度不断得以提高的动力。

5. 推广组合化

在装卸搬运作业过程中，根据不同物料的种类、性质、形状、重量的不同来确定不同的装卸作业方式。处理物料装卸搬运的方法有 3 种：将普通包装的物料逐个进行装卸，称为分块处理；将颗粒状物资不加小包装而原样装卸，称为散装处理；将物料以托盘、集装箱、集装袋为单位进行组合后进行装卸，称为集装处理。对于包装的物料，尽可能进行集装处理，实现单元化装卸搬运，可以充分利用机械进行操作。

任务评价

在完成上述任务后，教师组织进行三方评价，并对学生的任务执行情况进行点评。学生完成表 3-9 的填写。

表 3-9 "体验装卸搬运作业"任务评价表

任务		评价得分			
任务组		成员			
评价标准	评价任务	分值	自我评价（20%）	他组评价（30%）	教师评价（50%）	合计（100%）
	认真预习思考并记录有疑惑的地方	20				
	能够理解装卸搬运的概念、分类和特点	40				
	能够进行合理化装卸搬运	40				
合计		100			

任务六　体验包装作业

任务展示

（1）请扫一扫如图 3-32 所示的二维码，预习本任务的学习资料。
（2）学生学习完本任务的内容，要理解和掌握包装的相关知识。

图 3-32 本任务的学习资料

任务准备

任务准备 1：什么是包装

包装（Package/Packaging）（见图 3-33）是指为在流通过程中保护产品、方便储运、促进销售，按一定技术方法而采用的容器、材料及辅助物等的总体名称。包装也指为了达到上述目的而采用容器、材料和辅助物的过程中施加一定技术方法等的操作活动。

👍 任务准备 2：包装有哪些功能

1. 保护功能

包装的保护功能，即保护物品不受损伤的功能。它体现了包装的主要目的。

（1）防止物资破损变形。为了防止物资破损变形，物资包装必须能承受装卸、运输、保管等过程中的各种冲击、震动、颠簸、压缩、摩擦等外力的作用，形成对外力的防护，并且具有一定的强度。

图 3-33 各种包装

（2）防止物资发生化学变化。为了防止物资受潮、发霉、变质、生锈等，物资包装必须在一定程度上起到阻隔水分、潮气、光线及空气中各种有害气体的作用，避免外界不良因素的影响。

（3）防止有害生物对物资的影响。鼠、虫及其他有害生物对物资有很大的破坏性。包装封闭不严，会给细菌、虫类创造侵入之机，导致物资变质、腐败，尤其是食品，有害生物对其的危害性更大。

（4）防止异物混入、污物污染、丢失、散失。

2. 便利功能

物资包装具有方便流通、方便消费的功能。在物流的全过程，合理的包装大大提高了物流效率。物资包装的方便功能可以体现在以下几个方面。

（1）方便物资储存。包装物的各种标志使仓库的管理者易于识别、易于存取、易于盘点。有特殊要求的物资易于引起注意；易于开包、便于重新打包的包装方式为验收提供了方便性。

（2）方便物资装卸。物资经适当地包装后为装卸作业提供了方便。物资的包装便于各种装卸搬运机械的使用，有利于提高装卸搬运机械的效率。包装袋的规格尺寸标准化后为集合包装提供了条件，从而能极大地提高装载效率。

（3）方便运输。包装袋的规格、形状、重量等与货物运输关系密切。包装尺寸与运输车辆、船、飞机等运输工具箱、仓容积的吻合性，方便了运输，提高了运输效率。

3. 销售功能

销售功能是促进物资销售的功能。在商业交易中促进物资销售的手段很多，其中包装的装潢设计占有重要地位。优美的包装能引起人们的购买欲望。包装的外部形体是商品很好的宣传品。

任务准备3：常用的包装材料有哪些

由于包装材料的物理性能和化学性能千差万别，因此包装材料的选择对保护产品有着非常重要的作用。包装材料的性能，一方面取决于包装材料本身的性能，另一方面取决于各种材料的加工技术。

常用的包装材料有金属、玻璃、木制、纸、塑料及复合包装材料。近几年更是出现了绿色包装、快递循环包装等。

扫一扫

请扫一扫如图 3-34 所示的二维码，了解快递循环包装。

图 3-34　快递循环包装

任务执行

步骤 1：查阅资料，了解包装的类型

1. 按包装的功能分类

（1）销售包装。销售包装又称内包装，是直接接触商品并随商品进入零售网点和客户直接见面的包装。这种包装的特点是外形美观，有必要的装潢，包装单位应适合客户购买量和商店设施的要求。

（2）运输包装。运输包装又称外包装，是物资运输、保管等物流环节所需要的必要包装。工业包装以强化运输、保护商品、便于储运为主要目的。工业包装要在满足物流要求的前提下使包装费用越低越好。

2. 按包装容器的质地分类

（1）硬包装。硬包装是指充填或取出包装的内装物后，容器的形状基本不发生变化、材质坚硬或质地坚牢的包装。

（2）半硬包装。半硬包装是指介于硬包装和软包装之间的包装。

（3）软包装。软包装是指包装内的充填物或内装物取出后，容器的形状会发生变化，且材质较软的包装。

3. 按包装的使用范围分类

（1）专用包装。专用包装是指专供某种或某类商品使用的一种或一系列的包装。

（2）通用包装。通用包装是指一种包装能盛装多种商品，被广泛使用的包装容器。

4. 按包装使用的次数分类

（1）一次用包装。一次用包装是指只能使用一次，不再回收复用的包装。

（2）多次用包装。多次用包装是指回收后经适当地加工整理，仍可重复使用的包装。

（3）周转用包装。周转用包装是指工厂和商店用于固定周转、多次复用的包装容器。

5. 其他分类方法

（1）按运输方式分类，包装可以分为铁路运输包装、卡车货物包装、船舶货物包装、航空货物包装及零担包装和集合包装等。

（2）按包装防护目的分类，包装可分为防潮包装、防锈包装、防霉包装、防震包装、防水包装、遮光包装、防热包装、真空包装、危险品包装等。

（3）按包装的操作方法分类，包装可分为罐装包装（见图3-35）、捆扎包装（见图3-36）、裹包包装、收缩包装、压缩包装和缠绕包装等。

图 3-35　罐装包装　　　　图 3-36　捆扎包装

步骤2：进行包装的合理化管理

要实现包装合理化，需要从以下5个方面加强管理。

（1）采用先进的包装技术。包装技术的改进是实现包装合理化的关键。要推广缓冲包装、防锈包装、防湿包装等包装方法，使用不同的包装技法，以适应不同商品的包装、装卸、储存、运输的要求。

（2）由一次性包装向反复使用的周转包装发展。

（3）采用组合单元装载技术，即采用托盘、集装箱进行组合运输。托盘、集装箱是包装-输送-储存三位一体的物流设备，是实现物流现代化的基础。

（4）推行包装标准化。

（5）采用无包装的物流形态。对需要大量输送的商品(如水泥、煤炭、粮食等)来说，包装所消耗的人力、物力、资金、材料是非常大的，若采用专门的散装设备，则可获得较高的技术经济效果。散装并不是不要包装，而是一种变革了的包装，即由单件小包装向集合大包装的转变。

任务评价

在完成上述任务后,教师组织进行三方评价,并对学生的任务执行情况进行点评。学生完成表3-10的填写。

表3-10 "体验包装作业"任务评价表

任务组	任 务		评 价 得 分			
		成员				
	评价任务	分值	自我评价(20%)	他组评价(30%)	教师评价(50%)	合计(100%)
评价标准	认真预习思考并记录有疑惑的地方	20				
	能够理解包装的概念、作用和分类	50				
	能够进行包装合理化管理	30				
	合计	100				

任务七 体验流通加工作业

任务展示

(1)请扫一扫如图3-37所示的二维码,预习本任务的学习资料。

(2)学生学习完本任务的内容,要理解和掌握流通加工的相关知识。

图3-37 本任务的学习资料

任务准备

任务准备1:什么是流通加工

流通加工(Distribution Processing)是指根据客户的需要,在流通过程中对产品实施的简单加工作业活动的总称。简单加工作业活动包括包装(见图3-38)、分割、计量(见图3-39)、分拣(见图3-40)、刷标志、拴标签、组装(见图3-41)、组配等。

图3-38 包装　　　　图3-39 计量

66

图 3-40　分拣　　　　　　　　　图 3-41　组装

任务准备 2：流通加工的作用是什么

1. 提高原材料的利用率

通过流通加工进行集中下料，将生产厂商直接运来的简单规格产品，按客户的要求进行下料。例如，将钢板进行剪板、切裁；将木材加工成各种长度及大小的板。集中下料可以优材优用、小材大用、合理套裁，明显地提高了原材料的利用率，有很好的技术经济效果。

2. 方便客户

用量小或满足临时需要的客户，不具备进行高效率初级加工的能力，通过流通加工可以使客户省去进行初级加工的投资、设备、人力，方便了客户。目前发展较快的初级加工有将水泥加工成生混凝土，将原木或板材加工成门窗，钢板预处理、整形等加工。

3. 提高加工效率及设备利用率

在分散加工的情况下，加工设备由于生产周期和生产节奏的限制，设备利用时松时紧，使得加工过程不均衡，设备加工能力不能得到充分发挥。而流通加工面向全社会，加工数量大，加工范围广，加工任务多。这样可以通过建立集中加工点，采用一些效率高、技术先进、加工量大的专门机具和设备。一方面提高了加工效率和加工质量，另一方面提高了设备利用率。

扫一扫

请扫一扫如图 3-42 所示的二维码，了解流通加工与生产加工的区别。

图 3-42　流通加工与生产加工的区别

任务执行

步骤1：了解流通加工的类型

流通加工的类型见表3-11。

表3-11 流通加工的类型

类 型	说 明
为适应多样化需要的流通加工	生产部门为了实现高效率、大批量的生产，其产品往往不能完全满足客户的要求。为了满足客户对产品多样化的需要，同时又要保证高效率的大生产，可将生产出来的单一化、标准化的产品进行多样化的改制加工。例如，对钢材卷板的舒展、剪切加工，对平板玻璃按需要规格的开片加工，将木材改制成枕木、板材、方材等加工
为方便消费、省力的流通加工	根据下游生产的需要将商品加工成生产直接可用的状态。例如，根据需要将钢材定尺、定型、按要求下料，将木材制成可直接投入使用的各种型材；将水泥制成混凝土拌合料，使用时只需稍加搅拌即可使用等
为保护产品所进行的流通加工	在物流过程中，为了保护商品的使用价值，延长商品在生产和使用期间的寿命，防止商品在运输、储存、装卸搬运、包装等过程中遭受损失，可以采取稳固、改装、保鲜、冷冻、涂油等方式。例如，水产品、肉类、蛋类的保鲜、保质的冷冻加工和防腐加工等；丝、麻、棉织品的防虫、防霉加工等
为弥补生产领域加工不足的流通加工	由于受到各种因素的限制，许多产品在生产领域的加工只能到一定程度，而不能完全实现终极的加工。例如，木材如果在产地完成成材加工或制成木制品，就会给运输带来极大的困难，所以，在生产领域只能加工到圆木、板、方材这个程度，进一步的下料、切裁、处理等加工则由流通加工完成
为促进销售的流通加工	流通加工也可以起到促进销售的作用。例如，将过大包装或散装物分装成适合依次销售的小包装的分装加工（见图3-43）；将以保护商品为主的运输包装改换成以促进销售为主的销售包装，以起到吸引消费者、促进销售的作用；将蔬菜、肉类洗净切块以满足消费者的要求等

图3-43 分装加工

为提高物流效率、降低物流损失的流通加工	有些商品本身的形态使之难以进行物流操作，而且商品在运输、装卸、搬运过程中极易受损，因此需要进行适当的流通加工加以弥补，从而使物流各环节易于操作，提高物流效率，降低物流损失。例如，造纸用的木材磨成木屑的流通加工，可以极大地提高运输工具的装载效率；自行车在消费地区的装配加工，可以提高运输效率，降低损失
为衔接不同运输方式使物流更加合理的流通加工	在干线运输和支线运输的节点设置流通加工环节，可以有效地解决大批量、低成本、长距离的干线运输与多品种、少批量、多批次的末端运输和集货运输之间的衔接问题。在流通加工点与大生产企业间形成大批量、定点运输的渠道，以流通加工中心为核心，组织对多个客户的配送；也可以在流通加工点将运输包装转换为销售包装，从而有效衔接不同目的的运输方式
为实施配送进行的流通加工	这种流通加工形式是配送中心为了实现配送活动满足客户的需要而对物资进行的加工。例如，混凝土搅拌车（见图3-44）可以根据客户的要求，把沙子、水泥、石子、水等各种不同材料按比例要求装入可旋转的罐中。在配送路途中，汽车边行驶边搅拌，到达施工现场后，混凝土已经搅拌均匀，可以直接投入使用

图3-44 混凝土搅拌车

步骤 2：进行合理化流通加工

1. 流通加工和配送结合

流通加工和配送结合就是将流通加工设置在配送点中。一方面按配送的需要进行加工，另一方面加工又是配送作业流程中分货、拣货、配货的重要一环，加工后的产品直接投入到配货作业，这就无须单独设置一个加工的中间环节，而使流通加工与中转流通巧妙地结合在一起。同时，由于配送之前有必要的加工，可以使配送服务水平大大提高，这是当前对流通加工做合理选择的重要形式。它在煤炭、水泥等产品的流通中已经表现出较大的优势。

2. 流通加工和配套结合

配套是指对使用上有联系的用品集合成套地供应给客户使用，如方便食品的配套。当然，配套的主体来自各个生产企业，如方便食品中的方便面就是由其生产企业配套生产的。但是，有的配套不能由某个生产企业全部完成，如方便食品中的盘菜、汤料等。这样，在物流企业进行适当的流通加工，可以有效地促成配套，大大提高流通作为供需桥梁与纽带的能力。

3. 流通加工和合理运输结合

流通加工能有效衔接干线运输和支线运输，促进两种运输形式的合理化。利用流通加工，在支线运输转干线运输或干线运输转支线运输等这些必须停顿的环节，不进行一般的支转干或干转支，而是按干线或支线运输合理的要求进行适当加工，从而大大提高运输及运输转载水平。

4. 流通加工和合理商流结合

流通加工也能起到促进销售的作用，从而使商流合理化，这也是流通加工合理化的方向之一。加工和配送相结合，通过流通加工，提高了配送水平，促进了销售，使加工与商流合理结合。此外，通过简单地改变包装加工形成方便的购买量，通过组装加工解除客户使用前进行组装、调试的难处，也都是有效促进商流的好方法。

5. 流通加工和节约结合

节约能源、节约设备、节约人力、减少耗费是流通加工合理化重要的考虑因素，也是目前我国设置流通加工并考虑其合理化的较普遍形式。

对于流通加工合理化的最终判断，是看其能否实现社会的和企业本身这两方面的效益，而且是否取得了最优效益。流通企业更应该树立社会效益第一的观念，以实现产品生产的最终利益为原则，在生产流通过程中不断补充、完善自己。

任务评价

在完成上述任务后，教师组织进行三方评价，并对学生的任务执行情况进行点评。学生完成表 3-12 的填写。

表 3-12 "体验流通加工作业"任务评价表

任　　务			评 价 得 分			
任务组		成员				
评价标准	评价任务	分值	自我评价（20%）	他组评价（30%）	教师评价（50%）	合计（100%）
评价标准	认真预习思考并记录有疑惑的地方	20				
评价标准	能够理解流通加工的概念、分类	30				
评价标准	能够区别流通加工和生产加工，并进行合理化流通加工	50				
	合计	100				

思政课堂

请扫一扫图 3-45 中的二维码，进行项目三思政课堂的学习。

图 3-45　项目三思政课堂

项目四

认识企业物流

本项目共有 6 个任务，现在让我们通过任务的学习，了解企业物流的相关知识，共同关注企业物流发展的趋势吧！

项目目标

知识目标	1. 了解企业物流的概念；理解企业物流的特点及具体分类。 2. 掌握供应物流和采购物流的概念；了解供应物流的构成和模式；了解零库存管理的内涵。 3. 掌握生产物流的概念；理解生产物流的特点，了解其影响因素和类型。 4. 掌握销售物流的概念；了解销售物流的基本要素和模式。 5. 掌握逆向物流与废弃物物流的概念；了解他们各自的技术及特点；理解逆向物流与废弃物物流合理化的意义。
技能目标	1. 能够绘制企业物流全过程结构图。 2. 能够提出供应物流合理化的建议。 3. 能够结合生产物流的特点，对物流企业的管理模式进行分析。 4. 能够阐释销售物流的全过程，并能区分销售物流的具体模式。 5. 能够针对逆向物流与废弃物物流提出合理化建议。
素质目标	1. 培养学生的合作学习能力和求知探索能力。 2. 培养学生具有良好的语言表达能力、文字写作能力等文化素养。 3. 培养学生的自我学习能力，激发学生持续关注本行业科学技术的新发展。

任务一　走进企业物流

任务展示

（1）请扫一扫如图 4-1、图 4-2 所示的二维码，预习本任务的学习资料和观看项目四主要内容的视频讲解。

（2）学生以小组为单位，通过学习相关资料，每组派一名代表上台分享交流，谈谈对企业物流的初步认识及对企业物流结构的理解。

图 4-1　本任务的学习资料

图 4-2　项目四主要内容

任务准备

👍 任务准备 1：企业物流是什么

企业物流（Enterprise Logistics）是生产和流通企业围绕其经营活动所发生的物流活动。

企业物流是指在企业生产经营过程中，物品从原材料供应，经过生产加工，到产成品销售，以及伴随生产消费过程中所产生的废弃物的回收及再利用的完整循环活动。从系统论角度分析，企业物流是一个承受外界环境作用，具有输入—转换—输出功能的自适应体系。企业系统活动的基本结构是投入—转换—产出。对于生产类型的企业来讲，这种基本结构是投入原材料、燃料、人力、资本，经过制造或加工使之转换为产品或服务；对于服务型企业来讲则是投入设备和人力，经过管理和运营转换为对客户的服务。物流活动便是伴随着企业的投入—转换—产出而发生的。

👍 任务准备 2：企业物流有哪些特征

企业物流是企业一体化管理的重要组成部分，它以客户满意度为目标和驱动力，在企业内和它的供应、营销渠道上，对货物、服务和相关信息从货源地到目的地进行有效的流通和储存，并对这个过程进行计划、协调、执行和控制。企业物流具有以下特征。

1. 企业物流是系统整合的协同物流

从企业内部来讲，它是对信息、运输、存货管理、仓储、物料供应、搬运、包装、实物配送等分散的物流作业领域的综合协调管理。从供应链战略管理的角度出发，现代物流管理指挥着跨企业组织的物流作业，实现供应链的协调。企业物流不仅要考虑自己的客户，还要考虑自己的供应商；不仅要考虑客户的客户，还要考虑供应商的供应商；不仅要致力于降低某项物流作业的成本，更重要的是要致力于降低整个供应链运作的总成本。

2. 客户服务是现代企业物流创新的原动力

当今企业经营管理理念的核心已从产品制造转向市场营销和客户服务，与此同时，企业的物流运作在产品生产组织的基础上也向企业生产过程的上下游延伸，特别是增加了产品的售中和售后服务等一系列活动。现代企业物流更多地以企业的客户服务为价值取向，强调物流运作的客户服务导向性。

3. 企业可以通过合理的物流策略获取竞争优势

尽管现代企业物流的成本是非常重要的，但现代企业物流的重要性不仅仅是节约成本，更重要的是平衡成本与客户服务水平、企业长期效益的关系，以及企业如何选择物流策略来获取市场竞争优势。

4. 现代企业物流系统必须满足客户与企业战略目标的需要

现代企业物流系统包含效率和效益两个方面，其最终目的是满足客户价值与企业战略目标的需要，包括在整个供应链的物流成本、客户服务水平和企业投资收益的权衡取舍。具体而言，即通常所言的 6R：在恰当的时间（Right Time）、恰当的地点（Right Place），以恰当的成本（Right Cost），得到恰当的数量（Right Quantity）的恰当的产品（Right Product），并提供给恰当的客户（Right Customer），如图 4-3 所示。

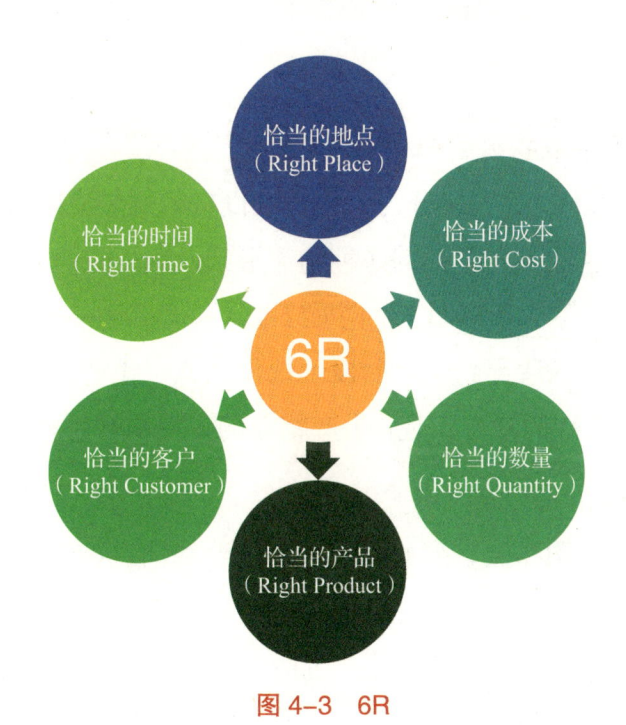

图 4-3　6R

5. 现代企业物流系统是一项十分复杂但又十分重要的活动

现代企业物流系统跨度之大、功能范围之广，是其他任何活动所无法比拟的。随着世界经济全球化的发展、市场竞争的加剧和科学技术的进步，如何优化重组物流作业流程，使企业物流、信息流和资金流进一步协调统一，是当今企业变革的重要研究课题。物流作为现代企业一大新的经营战略，正与产品营销战略、产品研发战略和财务管理战略一起，受到当今世界的普遍关注，成为企业经营管理战略的重要组成部分。

任务准备 3：按企业性质的不同，企业物流如何分类

根据企业性质的不同，企业物流分为两大类，即生产企业物流和流通企业物流。

生产企业物流是指从购进生产所需要的原材料、设备开始，经过加工形成新的产品，然后供应给市场的全过程。

流通企业物流是指从事商品流通的企业和专门从事实物流通的企业的物流。

扫一扫

请扫一扫如图 4-4 所示的二维码，了解企业物流的组成。

图 4-4 企业物流的组成

任务执行

步骤 1：上网查找生产企业物流的相关资料

生产企业物流，其流动的过程大致分为原材料及设备采购供应阶段、生产阶段、销售阶段，这 3 个阶段便产生了生产企业纵向主要的 3 种物流形式，除此之外，还有逆向物流和废弃物流。在流动的过程中，原料等本身被加工，同时产生了一些废料、余料，直到生产加工终结，再流向生产成品仓库，或进入废弃物回收阶段，这便完成了生产企业物流过程。该过程贯穿于生产的全过程，是生产系统的动态表现，生产物流的流畅与否直接关系到生产效益的高低。

步骤 2：上网查找流通企业物流的相关资料

流通企业物流可分为采购物流、流通企业内部物流和销售物流 3 种形式。采购物流是流通企业组织货源，将物资从生产厂家集中到流通部门的物流，这部分物流活动与生产企业的部分销售物流合为一体；流通企业内部物流，包括流通企业内部的储存、保管、装卸、运送、加工等物流活动；销售物流是流通企业将物资转移到客户手中的物流活动，这部分物流与生产企业的部分采购物流合为一体。流通企业物流包括批发企业物流、零售企业物流、仓储企业物流、配送中心物流、第三方物流企业物流等。

步骤 3：参考生产企业物流结构图和流通企业物流结构图，谈谈你对企业物流的认识和理解

生产企业物流结构图如图 4-5 所示。

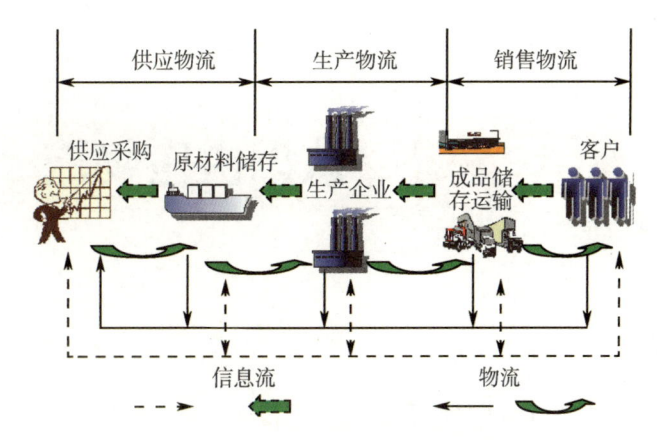

图 4-5 生产企业物流结构图

流通企业物流结构图如图 4-6 所示。

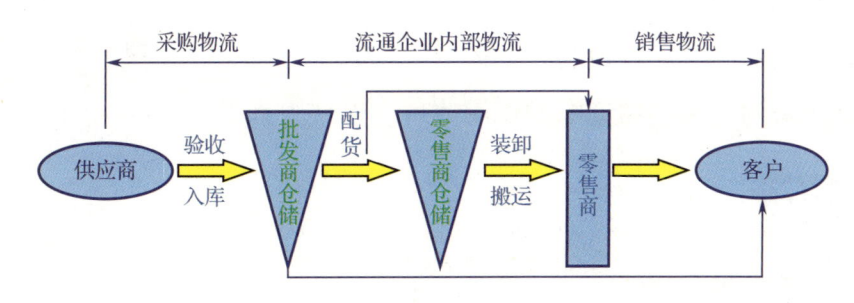

图 4-6 流通企业物流结构图

步骤 4：展示与分享

各组派一名代表上台，结合生产企业物流结构图及流通企业物流结构图，阐述对企业物流的初步认识及对企业物流结构的理解。

任务评价

在完成上述任务后，教师组织进行三方评价，并对学生的任务执行情况进行点评。学生完成表 4-1 的填写。

表 4-1 "走进企业物流"任务评价表

任务			评价得分			
任务组		成员				
	评价任务	分值	自我评价（20%）	他组评价（30%）	教师评价（50%）	合计（100%）
评价标准	能够按照任务要求上网查找所需资料	30				
	能够按照任务要求准确理解结构图，形成对企业物流的正确理解	35				
	能够与他人分享所查找的资料，清晰地阐述小组观点	35				
	合计	100				

任务二　认识供应物流

任务展示

（1）请扫一扫如图4-7所示的二维码，预习本任务的学习资料。

（2）学生以小组为单位，在阅读案例《海信的零库存管理》的基础上，思考并讨论完成以下问题：

① 海信是如何理解零库存管理的？

② 库存控制在采购与供应物流中的作用体现在哪些方面？

图4-7　本任务的学习资料

任务准备

任务准备1：什么是供应物流

供应物流（Supply Logistics）是指为生产企业提供原材料、零部件或其他物料时所发生的物流活动。供应物流是为组织生产所需要的各种物品供应而进行的物流活动，是企业生产活动所需生产资料的供应。供应物流是从原材料、外协件等的订货、购买开始，通过运输等中间环节，直到收货人收到货入库为止的物流过程，它是企业物流过程的起始阶段，是保证企业生产经营活动正常进行的前提条件。

企业的生产过程，同时也是物质资料的消费过程。企业只有不断投入必要的生产要素，才能达到顺利进行生产和保证其经济活动的最终目的。同时，企业供应物流的基本任务是保证适时、适量、适质、适价、齐备成套、经济合理地供应企业生产经营所需要的各种物资，并且通过对供应物流活动的科学组织与管理，运用现代物流技术，促进物资的合理使用，加速资金周转，降低产品成本，使企业获得较好的经济效益。

任务准备2：供应物流由什么构成

供应物流由采购、供应、库存管理和仓储管理4个部分构成。它与生产系统、搬运系统、财务系统等企业各部门及企业外部的资源市场、运输条件等密切相关。供应物流各个要素的结构及相互关系如下。

1. 采购

采购是指企业在一定的条件下从供应市场获取产品或服务作为企业资源，以保证企业生产及经营活动正常开展的一项企业经营活动。

采购是供应物流与社会物流的衔接点，它是依据工厂企业生产计划所要求的供应计划制订采购计划并进行原材料外购的作业层，需要承担市场资源、供货厂家、市场变化等信息的采集和反馈任务。

采购是企业物流管理的起点，最初的采购活动成功与否直接影响企业生产、销售最终产品的定价情况和整个供应链的最终获利情况。因此，企业采购在物流管理中的龙头作用不可轻视。

2. 供应

供应是供应物流与生产物流的衔接点，是依据供应计划，即消耗定额进行生产资料供给的作业层，负责原材料消耗的控制。材料供应方式有两种基本形式：一种是用料单位到供应部门领料；另一种是供应部门按时按量发料。

3. 库存管理

库存管理是供应物流的核心内容，是指在保障供应的前提下，使库存物品的数量最合理所采取的有效措施。它依据企业生产计划的要求和库存状况制订采购计划，并负责制订库存控制策略及计划的执行与反馈情况。

4. 仓储管理

仓储管理是供应物流的转折点，它负责购入生产资料的接货和生产供应的发装材料及管理物料回收率、交易执行状况等，完善的档案数据是选定供货商的重要依据。

👍 任务准备 3：供应物流的模式有哪些

企业的供应物流有 3 种组织方式：第一种是委托社会销售企业代理供应物流方式；第二种是委托第三方物流企业代理供应物流方式；第三种是企业自供物流方式。这 3 种组织方式都有低层次和高层次的不同管理模式，其中供应链方式、零库存供应方式、准时供应方式、虚拟仓库供应方式都值得关注。

（1）委托社会销售企业代理供应物流方式。企业作为客户，在买方市场条件下，利用买方的主导权力，向销售方提出对本企业供应服务的要求，以此作为向销售方采购订货的前提条件。实际上，销售方在实现了自己所生产和经营产品的销售的同时，也实现了对客户的供应服务，以此占领市场。

（2）委托第三方物流企业代理供应物流方式。这种方式是在企业完成了采购程序之后，由销售方和本企业之外的第三方去从事物流活动。当然，第三方从事的物流活动应当是专业性的，而且有非常好的服务水平。

（3）企业自供物流方式。这种方式是由企业自己组织采购物品的物流服务活动，这是在卖方市场的市场环境状况下经常采用的供应物流方式。

扫一扫

请扫一扫如图 4-8 所示的二维码,了解采购管理的相关知识。

图 4-8 采购管理的相关知识

任务执行

步骤 1:扫描如图 4-9 所示的二维码,认真阅读案例《海信的零库存管理》

图 4-9 海信的零库存管理

步骤 2:上网查找资料,了解供应物流合理化的途径

企业的生产过程同时也是物质资料的消费过程。企业只有不断投入必要的物质资料,才能进行生产和保证其经营活动的连续性。但是,物资供应特别是原材料和零部件,由于物流费用可以加在进货价格中,其合理化问题往往不被人们重视。不过,供应物流与销售物流相比,以企业内部为主体,合理化问题较易解决。供应物流合理化主要从以下两个方面入手。

1. 进货方式合理化

现代企业生产的规模大、品种多、技术复杂,生产需要的物资不仅数量、品种、规格、型号繁多,供应来源也广泛。因此在物料采购时,必须改变过去那种分别购买、各自进货的做法,根据企业生产经营的用货需要和进货要求,采取联合进货方式,由运输单位实行有组织的送货,使企业的物流批量化,以提高运输单位的配送车辆效率和进货工作效率。同时,还可以与同行企业采用代理进货方式,由别的企业代为采购、发送,以提高整车发送率。

2. 供应方式合理化

供应方式合理化的主要内容包括:①发展以产定供的多种形式的物资技术供应,包括按需加工供应、承包配套供应、定点直达供应等;②实行供运需一体化供货,即物资供应厂商按照企业生产、工艺和设备要求,签订供货合同,实行定品种、定质量、定数量、定时间送货上门,运输部门按供货合同承担送货任务,按确定的时间将物料送达规定地点。这种供运需一体化供应方式有利于缩短供应物流时间,减少物流费用。

步骤3：了解库存管理在供应物流的核心地位

库存管理是依据企业生产计划的要求和库存控制情况，制订采购计划，进行库存数量和结构的控制，指导供应物流的合理运行；其任务是用最低的费用在适当的时间和适当的地点取得适当数量的原材料、消耗品和最终产品。

库存具有整合供给和需求，维持各项活动顺畅进行的功能，是连接和协调企业供产销系统各环节，以及生产和流通过程中各相关企业经济活动的润滑剂。因此，库存是保证社会再生产不间断进行的客观必要条件。但库存又是物品的闲置，是社会产品的一种扣除。只有当物品库存量保持在社会再生产正常进行所必要的限度内，这种库存才具有积极意义。过多的库存会带来物品流转过程的停滞，过少的库存又会造成社会再生产的中断。所以，库存管理的意义就在于寻求确定和实现这种库存量的必要限度，以达到保障生产、加速流通、提高企业和社会经济效益的目的，正基于此，零库存概念应运而生。简言之，库存管理是供应物流的核心部分。

步骤4：上网查找资料，了解库存管理中的零库存的概念

所谓零库存，如图4-10所示，是指物料（包括原材料、半成品和产成品等）在采购、生产、销售、配送等一个或几个经营环节中，不以仓库存储的形式存在，而均是处于周转的状态。它并不是指使以仓库储存形式的某种或某些物品的储存数量真正为零，而是通过实施特定的库存控制策略，实现库存量的最小化。其内涵是使以仓库储存形式的某些种类的物品数量为"零"，即不保存经常性库存，它是在物资有充分社会储备保证的前提下所采取的一种特殊供给方式。

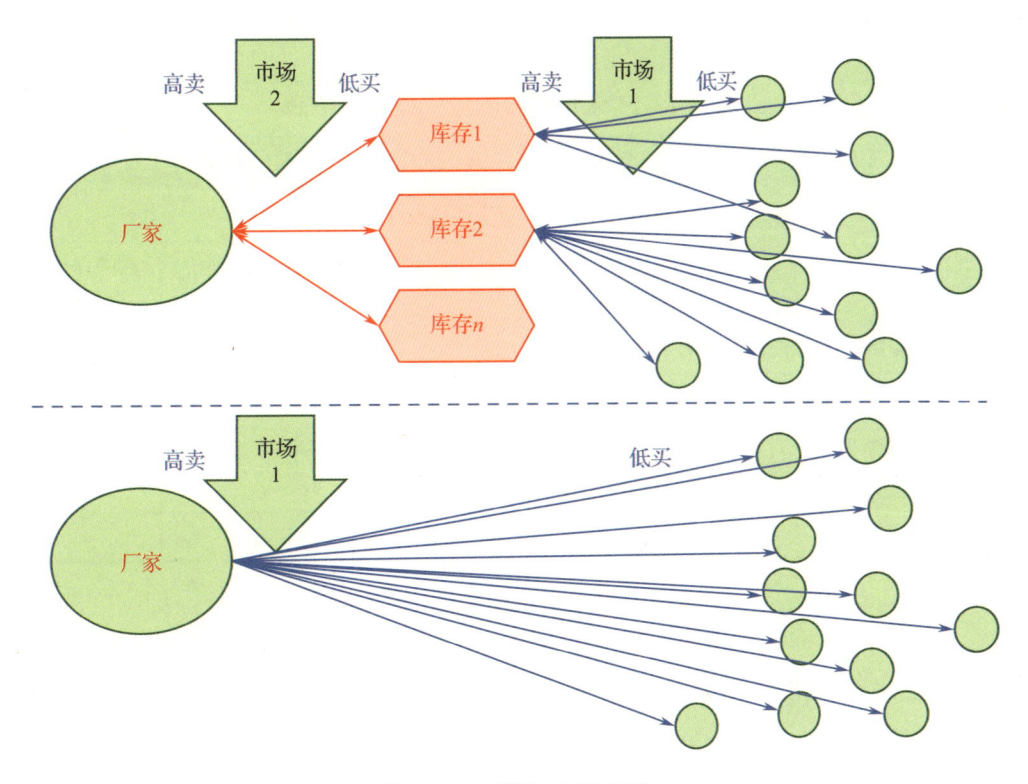

图4-10 零库存示意图

实现零库存管理的目的是减少社会劳动占用量（主要表现为减少资金占用量）和提高物流运动的经济效益。从物流运动合理化的角度来研究，零库存管理应当包含以下两层意义：

① 库存货物的数量趋于零或等于零；

② 库存设施、设备的数量及库存劳动耗费同时趋于零或等于零。后一层意义上的零库存，实际上是社会库存结构的合理调整和库存集中化的表现。

扫一扫

请扫一扫如图4-11所示的二维码，进一步了解零库存的相关知识。

图4-11 零库存的相关知识

步骤5：针对案例问题，各小组讨论，形成小组观点

各组派一名代表上台，结合上网查找的资料及小组观点，进行展示与分享。

任务评价

在完成上述任务后，教师组织进行三方评价，并对学生的任务执行情况进行点评。学生完成表4-2的填写。

表4-2 "认识供应物流"任务评价表

任　　务			评 价 得 分			
任务组		成员				
	评价任务	分值	自我评价（20%）	他组评价（30%）	教师评价（50%）	合计（100%）
评价标准	能够按照任务要求上网查找所需资料	30				
	能够按照任务要求进行小组讨论	35				
	能够清晰地表达对案例题目的认识和理解	35				
	合计	100				

任务三　认识生产物流

任务展示

（1）请扫一扫如图 4-12 所示的二维码，预习本任务的学习资料。

（2）学生在阅读案例《佳禾物流的 JIT 管理》的基础上，完成以下任务：

① 案例中哪些专业术语是你不清楚的，请查找相关资料，了解这些专业术语；

② 以小组为单位讨论我们该如何理解 JIT 理念对生产物流的影响。

图 4-12　本任务的学习资料

任务准备

任务准备 1：什么是生产物流

生产物流（Production Logistics）如图 4-13 所示，是指生产企业内部进行的涉及原材料、在制品、半成品、产成品等的物流活动。

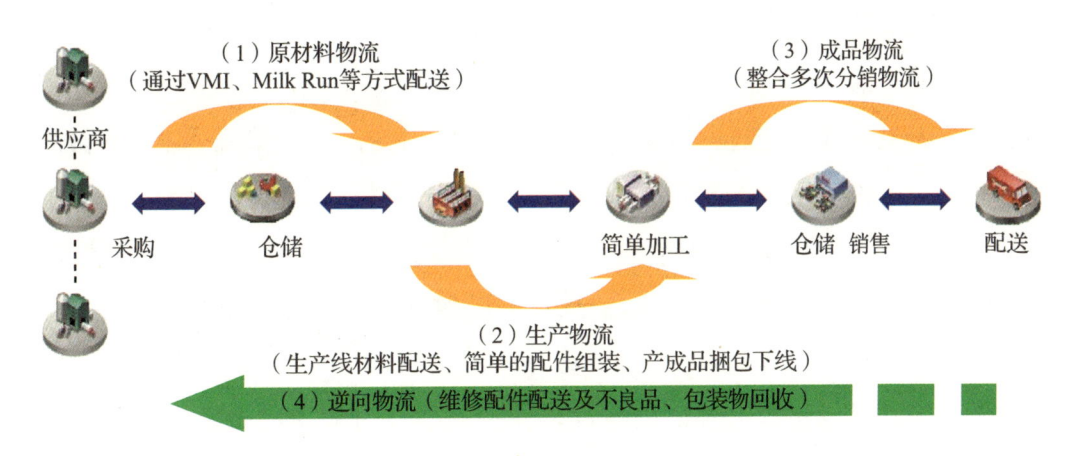

图 4-13　生产物流

具体来说，生产物流是伴随制造企业内部生产过程的物流活动，按照工厂布局、产品生产过程和工艺流程的要求，实现原材料、配件、半成品等物料在工厂内部供应库与车间、车间与车间、工序与工序、车间与成品库之间流转的物流活动。

生产物流是与整个生产工艺过程相伴而生的，实际上已构成了生产工艺过程的一部分。其过程大体为原材料、燃料、外构成件等物料从企业仓库或物料的"入口"进入生产线，再进一步随生产加工过程并借助一定的运输装置，在一个一个环节的"流"的过程中，本身被加工，并随着时间进程不断改变自己的实物形态（如加工、装配、储存、搬运、等待状态）和场所位置（各车间、工段、工作地、仓库），直到生产加工终结，再"流"至成品仓库。

任务准备2：生产物流的特点有哪些

1. 实现价值的特点

企业生产物流和社会物流的一个最本质的不同之处，即企业物流最本质的特点是企业生产物流不是实现时间价值和空间价值的经济活动，而是实现加工附加价值的经济活动。企业生产物流一般是在企业的小范围内完成的，当然，这不包括在全国或者世界范围内布局的巨型企业。因此，空间距离的变化不大，在企业内部的储存，和社会储存目的也不相同，这种储存是对生产的保证，而不是一种追求利润的独立功能，所以其时间价值不高。企业生产物流伴随加工活动而发生，实现加工附加价值，也即实现企业主要目的，所以虽然其物流空间、时间价值潜力不高，但加工附加价值却很高。

2. 主要功能要素的特点

企业生产物流的主要功能要素也不同于社会物流。一般物流功能的主要要素是运输和储存，其他是作为辅助性或次要功能或强化性功能要素出现的。企业物流的主要功能要素则是搬运活动。许多生产企业的生产过程，实际上是物料不停地搬运过程，在不停地搬运过程中，物料得到了加工，改变了形态。即使是配送企业和批发企业的企业内部物流，实际也是不停地搬运过程，通过搬运，完成了商品的分货、拣选、配货工作，完成了大改小、小集大的换装工作，从而形成了可配送或可批发的形态。

3. 物流过程的特点

企业生产物流是一种工艺过程性物流，企业的生产工艺、生产装备及生产流程一旦确定，企业物流也就成了一种稳定性的物流，物流便成了工艺流程的重要组成部分。由于这种稳定性，企业物流的可控性、计划性很强，一旦进入这一物流过程，选择性及可变性便很小。对物流的改进只能通过对工艺流程的优化，这方面和随机性很强的社会物流有很大的不同。

4. 物流运行的特点

企业生产物流的运行具有极强的伴生性，往往是生产过程中的一个组成部分或一个伴生部分，这决定了企业物流很难与生产过程分开而形成独立的系统。同时，企业生产物流中也确有与生产工艺过程可分的局部物流活动，这些局部物流活动有本身的界限和运动规律，当前企业物流的研究大多针对这些局部物流活动而言。这些局部物流活动主要是仓库的储存活动、接货物流活动、车间或分厂之间的运输活动等。

任务准备3：生产物流的影响因素是什么

由于生产物流的多样性和复杂性，以及生产工艺和设备的不断更新，如何更好地组织生产物流，是物流研究者和管理者始终追求的目标。只有合理组织生产物流过程，才能使生产过程始终处于最佳状态。生产物流的影响因素有以下几个。

（1）生产工艺：对生产物流有不同的要求和限制。

（2）生产类型：影响生产物流的构成和比例。

（3）生产规模：影响物流量大小。

（4）专业化和协作化水平：影响生产物流的构成与管理。

任务准备 4：生产物流的类型有哪些

（1）从生产专业化的角度划分，生产物流可分为单件生产、大量生产、成批生产。

（2）从物料流向的角度划分，生产物流可分为项目型生产物流、连续型生产物流、离散型生产物流。

（3）从物料流经的区域和功能角度划分，生产物流可分为厂间物流和工序间物流。

扫一扫

请扫一扫如图 4-14 所示的二维码，进一步了解生产物流的类型。

图 4-14　生产物流的类型

任务执行

步骤 1：扫描如图 4-15 所示的二维码，阅读案例《佳禾物流的 JIT 管理》

图 4-15　佳禾物流的 JIT 管理

步骤 2：上网查找资料，了解看板管理和 JIT 生产方式

1. 看板管理

看板的本质是在需要的时间，按需要的量对所需零部件发出生产指令的一种信息媒介体，看板管理是通过看板的运行控制企业生产全过程的一种现代管理技术，是企业实施拉动式准时化生产的一种现代管理手段。它的最终目的是降低库存，同时看板使准时化思想广泛地渗透到生产现场中，延伸至企业的管理工作中，迅速、有效地反映问题、解决问题。其应用不仅能有效地使企业库存降至最低，而且能促进企业的管理水平，提高企业的运作效率。

2. JIT 生产方式

JIT（Just in Time）即准时生产，又称实时生产。JIT 生产方式的基本思想是"只在需要的时候，按需要的量，生产所需的产品"，也就是追求一种无库存或库存达到最小的生产系统。JIT 生产方式以准时生产为出发点，首先暴露出生产过量和其他方面的浪费，然后对设备、人员等进行淘汰、调整，达到降低成本、简化计划和提高控制的目的。在生产现场控制技术方面，JIT 的基本原则是在正确的时间生产正确数量的零件或产品，即准时生产。它将传统生产过程中前道工序向后道工序送货，改为后道工序根据看板向前道工序取货，看板系统是 JIT 生产现场控制技术的核心，但 JIT 不仅仅是看板管理。

步骤 3：各小组讨论任务展示中的问题，形成小组观点

各组派一名代表上台，结合上网查找的资料及小组观点，进行展示与分享。

任务评价

在完成上述任务后，教师组织进行三方评价，并对学生的任务执行情况进行点评。学生完成表 4-3 的填写。

表 4-3 "认识生产物流"任务评价表

任务		评价得分				
任务组		成员				
评价标准	评价任务	分值	自我评价（20%）	他组评价（30%）	教师评价（50%）	合计（100%）
	能够按照任务要求上网查找所需资料	30				
	能够按照任务要求进行小组讨论	35				
	能够清晰地表达小组观点	35				
合计		100				

任务四　认识销售物流

任务展示

（1）请扫一扫如图 4-16 所示的二维码，预习本任务的学习资料。

（2）学生以小组为单位，思考当一瓶农夫山泉矿泉水从离开生产工厂后直到消费者手中，这一过程所涉及的物流活动位

图 4-16　本任务的学习资料

于企业物流系统的哪个环节，并结合案例对象，想想这一环节活动的成败对企业具有怎样的影响。每组派一名代表上台分享。

任务准备

任务准备1：什么是销售物流

销售物流（Distribution Logistics）是指企业在销售商品过程中所发生的物流活动。在现代社会中，市场环境是一个完全的买方市场。因此，销售物流活动带有极强的被动性与服务性，只有以满足买方要求为宗旨，卖方才能最终实现销售。在这种市场背景下，销售往往在送达客户并进行售后服务之后才算终止。因此，销售物流的空间范围很大，这便是其难度所在。在这种前提下，企业销售物流的特点是通过包装、送货、配送等一系列物流来实现销售，需要研究送货方式、包装方式、包装水平、运输路线等问题，并采取各种方法，如小批量、多批次、定时配送、定量配送等特殊的物流方式以达到目的。

任务准备2：销售物流的基本要素有哪些

在现代社会中，市场环境是一个完全的买方市场，因此，销售物流活动带有极强的服务性，以满足买方的要求，最终实现销售。为了保证企业的产品能及时、准确、完好地送达客户指定的地点，达到以最少成本提供最好服务的目标，销售物流必须包含以下7个要素：

① 产品包装；
② 产品储存；
③ 货物运输与配送；
④ 装卸搬运；
⑤ 流通加工；
⑥ 订单及信息处理；
⑦ 销售物流网络规划与设计。

扫一扫

请扫一扫如图4-17所示的二维码，进一步了解销售物流的基本要素。

图4-17 销售物流的基本要素

任务准备3：销售物流的模式有哪些

销售物流有3种主要模式：生产企业自己组织销售物流、第三方物流企业组织销售物流、客户自提的形式。

（一）生产企业自己组织销售物流

生产企业自己组织销售物流，实际上是把销售物流作为企业生产的一个延伸或者是看成生产的继续。生产企业销售物流成了生产者企业经营的一个环节，而且这个经营环节是和客户直接联系、直接面向客户提供服务的一个环节。在企业从"以生产为中心"转向以"市场为中心"的情况下，这个环节逐渐变成企业的核心竞争环节，已经逐渐不再是生产过程的继续，而是企业经营的中心，生产过程变成这个环节的支撑力量。

生产企业自己组织销售物流的好处在于，可以将自己的生产经营和客户直接联系起来，信息反馈速度快、准确程度高，信息对于生产经营的指导作用和目的性强。企业往往把销售物流环节看成开拓市场、进行市场竞争中的一个环节，尤其在买方市场的前提下，格外看重这个环节。生产企业自己组织销售物流，可以对销售物流的成本进行大幅度的调节，充分发挥它的"成本中心"的作用，同时能够从整个生产者企业的经营系统角度，合理安排和分配销售物流环节的力量。

在生产企业规模可以达到销售物流规模效益的前提下，采取生产者企业自己组织销售物流的办法是可行的，但不一定是最好的选择。主要原因有3个：一是生产者企业的核心竞争力的培育和发展问题，如果生产者企业的核心竞争能力在于产品的开发，销售物流可能占用过多的资源和管理力量，对核心竞争能力造成影响；二是生产企业销售物流专业化程度有限，自己组织销售物流缺乏优势；三是一个生产企业的规模终归有限，即便是分销物流的规模达到经济规模，延伸到配送物流之后，就很难再达到经济规模，因此可能反过来影响市场更广泛、更深入的开拓。

（二）第三方物流企业组织销售物流

由专门的物流服务企业组织企业的销售物流，实际上是生产者企业将销售物流外包，将销售物流社会化。由第三方物流企业承担生产企业的销售物流，其最大的优点在于第三方物流企业是社会化的物流企业，它向很多生产企业提供物流服务，因此可以将企业的销售物流和企业的供应物流一体化，可以将很多企业的物流需求一体化，采取统一解决的方案。这样可以做到专业化和规模化。这两者可以从技术方面和组织方面强化成本的降低和服务水平的提高。在网络经济时代，这种模式是一个发展趋势。

（三）客户自提的形式

客户自提的形式实际上是将生产企业的销售物流转嫁给客户，变成客户自己组织供应物流的形式。对销售方来讲，已经没有了销售物流的职能。这是在计划经济时期广泛采用的模式，将来除非在十分特殊的情况下，这种模式不再具有生命力。

任务执行

步骤1：上网查找资料，了解销售物流过程

销售物流过程：其起点一般情况下是生产企业的产成品仓库，经过分销物流，完成长距离、干线的物流活动，再经过配送完成市内和区域范围的物流活动，到达企业、商业客户或最终消费者。销售物流是一个逐渐发散的物流过程，这和供应物流形成了一定程度的镜像对称。通过这种发散的物流，资源得以广泛地配置。它是企业物流系统的最后一个环节，是企业物流与社会物流的又一个衔接点。

步骤2：了解销售物流在企业的地位

企业在销售过程中，将产品的实体转移给客户，使产品从生产地到达客户手中，以达到实现企业销售利润的目的。销售物流是储存、运输、配送等诸环节的统一，占据企业销售总成本的20%，不难看出，销售物流在企业中占据着极其重要的作用，主要体现在4个方面：①增加销售收入；②提高服务水平；③留住老客户；④制约物流成本。

步骤3：小组讨论，并进行展示与分享

各组派一名代表上台，分享并展示小组观点。

任务评价

在完成上述任务后，教师组织进行三方评价，并对学生的任务执行情况进行点评。学生完成表4-4的填写。

表4-4 "认识销售物流"任务评价表

任务			评价得分			
任务组		成员				
评价标准	评价任务	分值	自我评价（20%）	他组评价（30%）	教师评价（50%）	合计（100%）
	能够按照任务要求上网查找所需资料	30				
	能够按照任务要求积极地进行讨论，形成小组观点	35				
	能够清晰地表述小组观点	35				
	合计	100				

任务五　认识逆向物流与废弃物物流

任务展示

（1）请扫一扫如图 4-18 所示的二维码，预习本任务的学习资料。

（2）学生以小组为单位，上网搜集相关的学习资料，了解逆向物流与废弃物物流的合理化措施，并将查找的结果填入表 4-5 中。

图 4-18　本任务的学习资料

任务准备

👍 任务准备 1：什么是逆向物流（反向物流）

逆向物流（Reverse Logistics），又称反向物流，是指为恢复物品价值、循环利用或合理处置，对原材料、零部件、在制品及产成品从供应链下游节点向上游节点反向流动，或按特定的渠道或方式归集到指定地点所进行的物流活动。逆向物流网络示意图如图 4-19 所示。

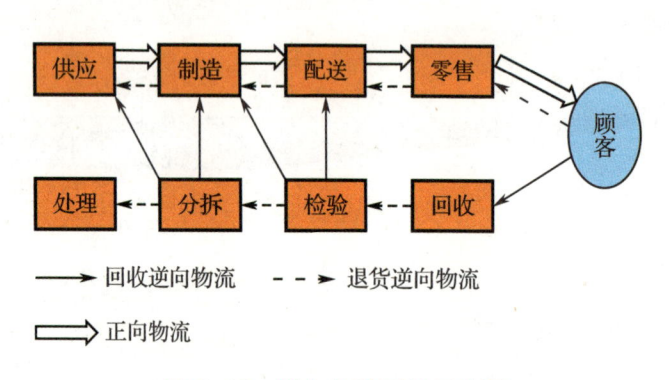

图 4-19　逆向物流网络示意图

👍 任务准备 2：什么是废弃物物流

废弃物物流（Waste Logistics）是指将经济活动或人民生活中失去原有使用价值的物品，根据实际需要进行收集、分类、加工、包装、搬运、储存等，并分送到专门处理场所的物流活动。它仅从环境保护的角度出发，不管对象物有无价值或利用价值，都将其妥善处理，以免造成环境污染。例如，炼钢生产中的钢渣、工业废水、废弃电脑、废弃电池及其他各种无机垃圾等，这些废弃物对该企业已没有再利用的价值，如果不妥善加以处理，就地堆放会妨碍生产，甚至造成环境污染。这类物质的流动形成了废弃物物流。图4-20为逆向物流与废弃物物流流向图。

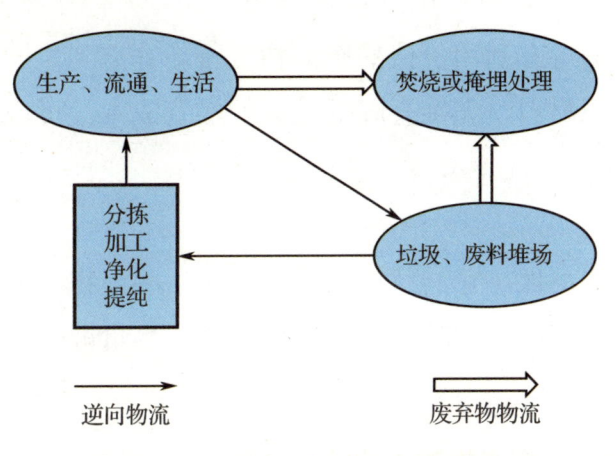

图 4-20 逆向物流与废弃物物流流向图

任务准备3：逆向物流与废弃物物流的技术有哪些

1. 逆向物流的技术

（1）以废玻璃瓶为代表的回收复用物流技术：废玻璃瓶作为再生利用资源，有一个回收再用的运输系统，依靠这个运输系统，可将用过的玻璃瓶再回送给生产企业，成为再生资源。

（2）以废纸为代表的收集与集货物流技术：废纸回收利用有一个收集废纸的物流系统，这种收集系统是集货系统的一种，因为废纸需要收集、集中才能批量提供给回收加工企业。

（3）以粉煤灰为代表的联产供应物流技术：粉煤灰再生资源的物流，采用管道这种物流手段，将电厂排放的粉煤灰，通过管道直接运送供应给生产企业，进行加工处理。

（4）以报废汽车为代表的拆解及破碎分选物流技术：报废汽车再生资源的物流过程中，流通加工占着重要位置，所有的报废汽车几乎都要通过一定的流通加工，成为各种新的资源，进入到新一轮循环利用中。

2. 废弃物物流的技术

（1）垃圾堆放：在远离城市地区的沟、坑、塘和谷中，选择合适的位置直接倾倒垃圾。

（2）垃圾掩埋：在一定的规划区内，利用原来的废弃坑塘或用人工挖出深坑，将垃圾运来倒入，到一定处理量后，表面用土掩埋。

（3）垃圾焚烧：在一定的地方用高温焚烧垃圾以减少垃圾量，防止污染及病菌、虫害滋生。

（4）通过加工处理进行净化：对垃圾尤其是废水进行净化处理，以减少对环境的危害。

任务准备4：逆向物流与废弃物物流合理化的意义是什么

当前社会很关心的问题之一就是环境问题，导致环境污染的最根本原因就是废旧物或废弃物。因此，对逆向物流和废弃物物流的管理不能仅仅着眼于经济利益，还必须更多地考虑社会利益。

1. 经济意义

自然界的资源有限，在自然资源日益枯竭的今天，人们越来越重视废旧物资的重新利用，希望通过回收物资将有利用价值的废旧物资重新补充到生产消费系统中。回收物资重新进入生产领域作为原材料，无疑会降低企业的经营成本，可以为企业带来很高的经济效益。

2. 社会意义

如果对废旧物资置之不理，它们就成了废弃物资。废弃物的大量产生会严重影响人类赖以生存的环境，所以人们必须有效地组织逆向物流，尽量减少废弃物对人类生产生活造成影响。

任务准备5：逆向物流与废弃物物流的特点是什么

1. 物流对象种类多

几乎所有的生产企业、消费过程和流通领域都可能产生回收和废弃物；几乎每一个工序、每一阶段的生产过程都会产生回收和废弃物；几乎所有人类的劳动成果，最终都可能有一部分转化成回收和废弃物，这决定了回收和废弃物物流系统、物流方式的多样性。

2. 物流数量大

不仅表现为物流总量大，还表现为许多种类的回收及废弃物本身数量巨大。如果不能有效解决回收及废弃物的物流问题，就会对环境造成严重的负面影响。这决定了回收及废弃物物流要消耗很大的物化劳动及活劳动，需要有一个庞大的物流系统来支撑，也说明回收及废弃物物流是物流系统的一个重要子系统。

3. 物流粗放

排放物中除少数类别是价值较高的、有较大物流费用承受能力的以外，绝大部分是价值低、数量大且经过一次生产或消费之后，主要使用价值已近耗尽的，因而这些纯度、精度、质量、外观要求都不高的物质，可采取粗放的物流方式以降低物流成本。但是，即使采用粗放的物流方式，尽力压低物流费用，由于排放物本身价值很低，物流成本的相对比例还是很高。因此，排放物的物流费用过高而使这种物质的回收在经济上不合算，这就使部分排放物不再是回收物，而成了最终废弃物。

4. 物流路程短

大多数回收及废弃物物流路程都很短。其原因和上述几个特点有关，物流费承受能力低、数量大、主要使用价值已近耗尽等因素都决定了回收及废弃物的就地就近利用性质，因而其物流路程不会太长。

项目四　认识企业物流

扫一扫

请扫一扫如图 4-21 所示的二维码，了解废弃物物流的 3R 行动。

图 4-21　废弃物物流的 3R 行动

任务执行

步骤 1：查阅资料，了解逆向物流合理化的原则

（1）供应链思想。逆向物流是一个社会性的工作，需要社会各类企业间的相互合作才能达到合理性的最大化，这种合作就体现为一种供应链的思想。

（2）社会大循环的思想。逆向物流循环的思想不是指某一个企业内部循环，而应是一种社会大循环，包括制造企业、销售企业、运输企业、回收企业等，各个企业都有自己的分工，使物流在整个社会中形成一个大的循环，这样才是真正意义上逆向物流的合理化。

（3）符合中国国情。考虑到中国国民的环保意识还未普及，采取适合中国国情的方法。

（4）法律规范的意识。对企业废旧品处理的方法必须施以严格的法律规范。改变其非正规处理更能赢利的思想。

步骤 2：查阅资料，了解逆向物流与废弃物物流的合理化措施

上网查阅资料，了解逆向物流与废弃物物流有哪些合理化措施，并将这些措施填写到表 4-5 中。

表 4-5　逆向物流与废弃物物流的合理化措施

类　　型	合理化措施
逆向物流	
废弃物物流	

步骤 3：展示与分享

各组派一名代表上台，分享并展示小组观点。

任务评价

在完成上述任务后,教师组织进行三方评价,并对学生的任务执行情况进行点评。学生完成表 4-6 的填写。

表 4-6 "认识逆向物流与废弃物物流"任务评价表

任务组	任务		评价得分			
		成员				
	评价任务	分值	自我评价（20%）	他组评价（30%）	教师评价（50%）	合计（100%）
评价标准	能够按照任务要求上网查找所需资料	30				
	能够按照任务要求进行讨论,整理归纳,完成表 4-5	40				
	能够清晰地与他人分享所查找的资料	30				
	合计	100				

任务六 认识冷链物流

任务展示

（1）请扫一扫如图 4-22 所示的二维码,预习本任务的学习资料。

（2）学生以小组为单位,上网查找 3 家中国冷链物流百强企业的相关资料,并将查找的结果填入表 4-9 中。

（3）查阅资料,了解顺丰控股、圆通速递等 6 家快递公司布局冷链物流的最新情况。

图 4-22 本任务的学习资料

任务准备

任务准备 1：什么是冷链物流

冷链（Cold Chain）是指根据物品特性,从生产到消费的过程中使物品始终处于保持其品质所需温度环境的物流技术与组织系统。冷链物流是随着科学技术的进步、制冷技术的发展而建立起来的,是以冷冻工艺学为基础、以制冷技术为手段的低温物流过程,如图 4-23 所示。

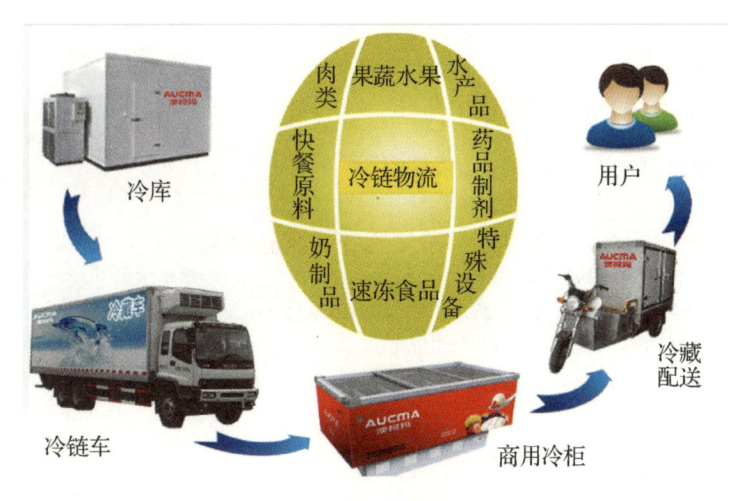

图 4-23 冷链物流

任务准备 2：冷链物流的适用范围

冷链物流的适用范围见表 4-7。

表 4-7 冷链物流的适用范围

种　　类	具 体 产 品
初级农产品	蔬菜、水果、肉、禽、蛋、水产品、花卉产品
加工食品	速冻食品，禽、肉、水产等包装熟食，冰激凌和奶制品，快餐原料
特殊商品	药品

任务准备 3：冷链物流的特点有哪些

冷链物流对时间、品质、温度、湿度和卫生环境方面有特殊要求，作业较为复杂，主要有 3 个特点。

1.时效性

由于冷链物流承载的产品一般易腐或不易储藏，因此要求冷链物流必须迅速完成作业，保证时效性。

2.复杂性

与常温物流相比，冷链物流涉及制冷技术、保温技术、温湿度检测、信息系统和产品变化机理研究等技术，有的产品甚至涉及法律法规的约束，且每种产品均由其对应的温湿度和储藏时间要求，一旦断链将会造成前面的努力白费，因此大大加大了冷链物流的复杂性。

3.高成本性

冷链物流的成本远比常温物流要高。首先，设备成本较高，冷链物流中心仓库和冷链车辆的成本一般是常温仓库和车辆的数倍，而且因涉及食品等而需要特殊的设施设备，需要大量的资金投入；其次，冷链物流的运营成本较高，冷库需要不间断地打冷才能保证温度处于恒定状态，造成冷库的电力成本居高不下，冷藏车也需要不间断地打冷才能保证产品的温度恒定，需要更多的油费；最后，冷链物流的资本回收期较长，不是一般企业所能承担的。

任务准备 4：冷链物流的配送模式有哪些

当前冷链物流的配送模式见表 4-8，主要有 3 种模式。

表 4-8　冷链物流的配送模式

配送模式	特　征	代 表 企 业
自建物流配送模式	① 商品品质把控能力强 ② 标准化的仓储运作模式 ③ 配送时间有保障 ④ 断链风险小	易果生鲜、中粮我买网
第三方物流配送模式	① 不需要自建仓储、配送中心，节约成本 ② 配送质量无法把控 ③ 高损耗、高退货率	本来生活、一米鲜
自建物流与第三方物流结合模式	综合以上两种配送模式的特征，但总体效果不好	天天果园

任务执行

步骤 1：上网查找 3 家中国冷链物流百强企业的资料

学生以小组为单位，上网查找 3 家中国冷链物流百强企业的相关资料，并将查找的结果填入表 4-9 中。

表 4-9　冷链物流企业

序　号	企业名称	企业简介
1		
2		
3		

步骤 2：查阅资料，了解以下 6 家快递公司布局冷链物流的情况

表 4-10 为顺丰控股、圆通速递等 6 家快递公司布局冷链物流情况一览表，请以小组为单位，上网查找资料，了解以下 6 家快递公司布局冷链物流的最新情况。

表 4-10　6 家快递公司布局冷链物流情况一览表

快递公司	冷链物流业务布局情况
顺丰控股	2014 年 9 月，顺丰集团正式推出"冷运"新品牌，瞄准食品生鲜配送市场。顺丰冷运借助背后顺丰集团的现有物流、电商、门店等丰厚资源的支持，为生鲜速配、大闸蟹专递、冷运仓储、冷运干配、冷运零担、冷运宅配等一系列过程提供一站式解决方案
圆通速递	2016 年 10 月，启动了"大闸蟹项目"，进军冷链市场，并正式推出全新板块——圆通冷链。通过"三大核心科技"打造"鲜仓""鲜运""鲜配""冷链包装解决方案"一站式冷链配送服务体系，充分整合圆通空运、陆运、仓储资源，利用国家工程实验室研发优势，为客户提供安全、高效、智能的全程冷链服务

续表

快递公司	冷链物流业务布局情况
京东物流	2015年，推出了京东冷链，进入国内生鲜冷链物流配送领域，依靠其背后的国内自营电商京东集团，积极布局冷链物流，依托冷链仓储网、冷链运输网、冷链配送网"三位一体"的综合冷链服务能力，构建社会化冷链协同网络
韵达快递	2020年7月，成立韵达冷链，打造出精准、高效、敏捷的供应链服务平台，物流服务产品包括产地预冷直发、客制化仓内服务、多仓多温配送、仓间专线调拨等业务，业务覆盖全国数百个城市，在地域上形成了西北、华东、华南多区域协同发展的格局，规模效应初步显现，成为冷链物流行业的一支生力军
中通快递	2016年7月，推出"优鲜送"服务，主要是对生鲜、水果等具有较高时效和安全性要求较高的产品服务。2020年7月，正式成立中通冷链，采用"中心直营+加盟网点"模式，依托中通快递的网络优势和生态优势，构建包括产地仓、销地仓、网格仓在内覆盖全国的冷链云仓网络，计划2021年年底前实现全国80%县级城市覆盖密度的门到门冷链物流网络
申通快递	2017年4月，成立上海申雪，提供冷藏、冷冻仓储并提供冷链当日配、次日配、隔日配等供应链服务，帮助生鲜客户解决供应链环节出现的需求问题

步骤3：展示与分享

各组派一名代表上台，将本组上网查找的资料与大家分享。

任务评价

在完成上述任务后，教师组织进行三方评价，并对学生的任务执行情况进行点评。学生完成表4-11的填写。

表4-11 "认识冷链物流"任务评价表

任务		评价得分			
任务组		成员			
	评价任务	分值	自我评价（20%）	他组评价（30%）	教师评价（50%）	合计（100%）
评价标准	能够按照任务要求上网查找所需资料	30				
	能够按照任务要求准确理解知识要点，并填写表格	35				
	能够与他人分享所查找的资料，清晰地阐述小组观点	35				
	合计	100				

思政课堂

请扫一扫图4-24中的二维码，进行项目四思政课堂的学习。

图4-24 项目四思政课堂

项目五

走进第三方物流

本项目共有 2 个任务，现在让我们通过任务的学习，了解第三方物流的相关知识吧！

项目目标

知识目标	1. 掌握第三方物流的概念；理解第三方物流的特点及企业价值。 2. 理解第三方物流企业的概念及分类方法（特点）。
技能目标	1. 能够区分第一方物流、第二方物流及第三方物流。 2. 能够分析第三方物流企业的特点。
素质目标	1. 培养学生信息检索能力和团队合作的能力。 2. 培养学生具有良好的语言表达能力、文字写作能力等文化素养。 3. 培养学生学会倾听，正确表达自我意见的社会交往能力。

任务一　认识第三方物流

任务展示

（1）请扫一扫如图 5-1、图 5-2 所示的二维码，预习本任务的学习资料和观看项目五主要内容的视频讲解。

（2）学生以小组为单位，通过学习相关资料，了解第一方物流、第二方物流、第三方物流和第四方物流的区别，然后各小组选派一名代表上台，分享小组的完成情况。

图 5-1　本任务的学习资料

图 5-2　项目五主要内容

任务准备

任务准备 1：什么是第三方物流

第三方物流（Third Party Logistics，3PL 或 TPL）是指由独立于物流服务供需双方之外且以物流服务为主营业务的组织提供物流服务的模式。从字面上看，第三方物流是指由与货物有关的发货人或收货人之外的专业物流企业提供服务，即第三方来承担企业物流活动的一种物流形态。

第三方物流中的"第三方"是独立于"第一方"和"第二方"的一类专业物流服务公司或企业，其本身不拥有货物，但按照客户的要求提供物流管理、控制和专业化作业服务。

任务准备 2：第三方物流的特点是什么

第三方物流的特点：关系契约化、服务个性化、功能专业化、管理系统化、信息网络化，如图 5-3 所示。

1. 关系契约化

首先，第三方物流通过契约形式规范物流经营者与物流消费者之间的关系。物流经营者根据契约规定的要求，提供多功能直至全方位一体化物流服务，并以契约来管理所有提供的物流服务活动及其过程。其次，第三方物流发展联盟也是通过契约的形式来明确各物流联盟参加者之间的权责利相互关系的。

2. 服务个性化

首先，不同的物流消费者存在不同的物流服务要求，第三方物流需要根据不同物流消费者在企业形象、业务流程、产品特征、客户需求特征、竞争需要等方面的不同要求，提供针

图 5-3　第三方物流的特点

对性强的个性化物流服务和增值服务。其次,从事第三方物流的物流经营者也因为市场竞争、物流资源、物流能力的影响需要形成核心业务,不断强化其所提供的物流服务的个性化和特色化,以增强其物流市场竞争能力。

3. 功能专业化

第三方物流所提供的是专业的物流服务。从物流设计、物流操作过程、物流技术工具、物流设施到物流管理必须体现专门化和专业水平,这既是物流消费者的需要,也是第三方物流自身发展的基本要求。

4. 管理系统化

第三方物流应具有系统的物流功能,这是第三方物流产生和发展的基本要求,第三方物流需要建立现代管理系统才能满足运行和发展的基本要求。

5. 信息网络化

信息技术是第三方物流发展的基础。物流服务过程中,信息技术的发展实现了信息实时共享,促进了物流管理的科学化,极大地提高了物流效率和物流效益。

任务准备3:第三方物流可以为企业带来什么价值

第三方物流可以为企业带来的价值如图5-4所示。

1. 使企业实现资源优化配置

使用第三方物流可以将有限的资源集中于核心业务。企业所拥有的资源毕竟是有限的,不可能覆盖企业所有的业务领域,取得整体竞争优势的唯一途径就是"集中优势"——将有限的资源集中到企业"核心能力"的培育和发展上,而对非核心的业务采取资源外包战略,外包给在这些业务上具备核心能力的企业,也就是第三方物流企业。

2. 使企业减少投资,降低风险

现代物流领域的设施、设备、信息系统等的投入是相当大的,而且物流需求的不确定性和复杂性,可能导致投资的巨大风险。选择第三方物流服务可以有效避免这些投资风险。

图5-4 第三方物流可以为企业带来的价值

3. 有利于企业进行流程再造

现代物流的根本特征是专业化、系统化、网络化、信息化和规模化。借助第三方物流,企业可以充分利用第三方物流企业完善的信息技术和先进的管理手段,从关心客户的需求和满意度出发,对现有的业务流程进行重新思考和再设计,从根本上改善企业原有的成本、质量、服务水平。

4. 有助于提升企业的形象

第三方物流服务提供商和客户不是竞争对手，而是战略合作伙伴。他们为客户着想，致力于提供以客户为导向、低成本、高效率的优质物流服务，使委托企业的形象得到提升，为企业在竞争中取胜创造有利的条件。

5. 使企业享受成本降低的好处

专业的第三方物流提供商利用规模生成的专业优势和成本优势，通过整合社会资源、提高供应链各环节的利用率，实现综合费用的节省，从而使委托企业享受成本降低的好处。

扫一扫

请扫一扫如图5-5所示的二维码，了解第三方物流的现状及发展趋势。

图5-5 第三方物流的现状及发展趋势

任务执行

步骤1：上网查阅第一方物流的相关资料，并进行归纳整理

第一方物流指的是卖方（生产者或供应方）组织的物流活动。这些组织的主要业务是生产和供应商品，但为了其自身生产和销售的需要而进行物流网络及设施设备的投资、经营和管理。供应方厂商一般都需要投资建设仓库、运输车辆、月台等物流基础设施。

上网查阅相关资料，用自己的话写出什么是第一方物流。

步骤2：上网查阅第二方物流的相关资料，并进行归纳整理

第二方物流指的是买方（销售者或流通企业）组织的物流活动。这些组织的主要业务是采购并销售商品，为了销售业务需要而投资建设物流网络、物流设施和设备，并进行具体的物流业务运作组织和管理。

上网查阅相关资料，用自己的话写出什么是第二方物流。

步骤3：上网查阅第四方物流的相关资料，并进行归纳整理

第四方物流（Fourth Party Logistics，4PL）是一个供应链的集成商，通过整合和管理组织自身内部及具有互补性的服务提供商的资源、能力与技术提供一套完整的供应链解决方案。第四方物流服务商是供需双方和第三方物流的领导力量，通过设计、实施综合完整的供应链解决方案，提升供应链影响力，实现增值。

上网查阅相关资料，用自己的话写出什么是第四方物流。

步骤4：讨论第一方物流、第二方物流、第三方物流与第四方物流的区别和联系

以小组为单位讨论第一方物流、第二方物流、第三方物流与第四方物流的区别和联系，四者的区别详见表5-1。

表5-1 第一方物流、第二方物流、第三方物流与第四方物流的区别

项　　目	第一方物流	第二方物流	第三方物流	第四方物流
物流组织方	第一方，即卖方、生产者或供应方	第二方，即买方、销售者或流通企业	独立于第一方和第二方且能提供物流专业服务的第三方	供应链的集成商，为第一方、第二方、第三方物流企业提供一整套供应链解决方案的第四方
物流服务	为生产和供应商品而组织的物流活动	为采购并销售商品而组织的物流活动	为客户提供个性化、专业化的物流运作服务	提供物流供应链集成、物流系统优化、物流方案设计、物流咨询和人才培训等服务
物流设备设施	投资建设仓库、运输车辆等物流基础设备设施	投资建设物流网络，购买物流设施设备	不一定自有仓库、车辆等设备设施	一般没有建设仓库、车辆等物流设备设施
特点	物流功能不全面，物流成本高昂，服务于生产和供应	物流功能不全面，物流成本高昂，满足采购和销售需要	关系契约化，服务个性化，功能专业化，管理系统化，信息网络化	整合性，服务性和灵活性
业务范例	厂家送货上门的物流活动	分销商上门提货或送货上门的物流活动	某物流公司为零售商提供仓储管理、配送服务	某物流服务公司为物流企业提供物流系统优化服务

步骤5：各组派一名代表上台分享

各组派一名代表上台分享其对第一方物流、第二方物流、第三方物流和第四方物流的理解。

任务评价

在完成上述任务后，教师组织进行三方评价，并对学生的任务执行情况进行点评。学生完成表5-2的填写。

表5-2 "认识第三方物流"任务评价表

任　　务		评　价　得　分				
任务组		成员				
评价任务		分值	自我评价（20%）	他组评价（30%）	教师评价（50%）	合计（100%）
评价标准	能够按照任务要求上网查找所需资料	30				
	能够按照任务要求准确理解知识要点，并填写表格	35				
	能够与他人分享所查找的资料，清晰地阐述小组观点	35				
合计		100				

任务二　认识第三方物流企业

任务展示

（1）请扫一扫如图5-6所示的二维码，预习本任务的学习资料。

（2）学生以小组为单位，上网查找6家知名第三方物流企业（3家国内企业和3家国外企业）的相关资料，并将查找的结果填入表5-3和表5-4中，且每组要派一名代表上台分享。

图5-6　本任务的学习资料

任务准备

任务准备1：什么是第三方物流企业

第三方物流企业是指以信息技术为基础，在特定的时间段内按特定的价格向物流需求方提供个性化系列物流服务的企业。它不制造产品，而是以根据客户（物流需求方）的需要，为客户提供多种物流服务的方式进行经营。第三方物流企业自身不一定拥有库房、车辆等硬件设施，它往往把物流服务委托给专门经营运输、仓储等业务的承运商来执行，自己负责对整个物流服务执行过程进行规划、调控和监督。

任务准备2：第三方物流企业如何分类

1. 按照第三方物流企业的来源构成分类

（1）从传统仓储、运输、货运代理等企业改造转型而来的第三方物流企业。目前，这类物流企业占主导地位，占据较大市场份额。

（2）从工商企业原有物流服务职能剥离出来的第三方物流企业。传统工商企业对网络的控制方式是企业自建的物流系统，所有的物流资源都属于企业拥有。随着加强核心竞争力的管理理念的普及，部分企业将原属第三产业的物流以外包的形式剥离，由原企业子公司逐步独立并社会化。这类企业利用原有的物流网络资源，依靠与客户"先天"的亲密合作关系，运用现代经营管理理念，逐步走向专业化、社会化。

（3）由不同企业、部门之间物流资源互补式联营而来的第三方物流企业，又可分为以下两种情况。

① 企业与第三方物流公司联营设立第三方物流公司。企业一般以原有物流资源入股，企业对该新第三方物流公司有一定的控股权，并在一定程度上参与经营。物流公司一般对合资建立的第三方物流公司行使经营的权力，全面负责建立、运行公司的物流系统。

② 能够资源互补的不同部门联手进军物流领域。

（4）新创办的第三方物流公司。近年来，随着我国的经济发展，我国出现了大量新创立的现代物流企业。这些公司多为民营企业或中外合资公司。

2. 按照第三方物流企业的资本归属分类

（1）外资和中外合资物流企业。随着中国的经济开放，国外物流公司开始进入中国。它们以独资或合资方式进入中国物流领域，逐渐向中国物流市场渗透。它们具有丰富的行业知识和实际运营经验，与国际物流客户有良好关系，有先进的IT系统，还有来自总部的强有力的资金支持。

（2）民营物流企业。我国的民营物流企业多产生于20世纪90年代以后，是物流行业中最具朝气的第三方物流企业。它们的业务地域、服务和客户相对集中，效率相对较高，机制灵活，发展迅速。

（3）国有物流企业。我国多数物流企业是借助原有物流资源发展而来的。近年来，也产生了一些新的国有第三方物流公司。

3. 按照第三方物流企业物流服务功能的主要特征分类

（1）运输型物流企业，是指以从事货物运输服务为主，包含其他物流服务活动，具备一定规模的实体企业。企业的主要业务活动是为客户提供门到门运输、门到站运输、站到门运输、站到站运输等一体化服务，以实现货物运输为主；根据客户的需求，运输型物流企业可以提供物流功能一体化服务。

（2）仓储型物流企业，是指以从事区域性仓储型服务为主，包含其他物流服务活动，具备一定规模的实体企业。企业以为客户提供货物存储、保管、中转等仓储服务，以及为客户提供配送服务为主；企业还可以为客户提供其他仓储增值服务，如商品经销、流通加工等。

（3）综合服务型物流企业，是指从事多种物流服务活动，并可以根据客户的需求，提供物流一体化服务，具备一定规模的实体企业。其业务经营范围广泛，可以为客户提供运输、货运代理、仓储、配送等多种物流服务项目；并能够为客户提供一类或几类产品契约性一体化物流服务；为客户定制整合物流资源的解决方案，提供物流咨询服务。

4. 按照第三方物流企业资源占有的多少分类

（1）资产基础型第三方物流公司。这类企业有自己的运输、仓储设施设备，包括车辆、仓库等，为各个行业的客户提供标准的运输或仓储服务。在现实中它们实际掌握物流企业的操作，如基于仓储服务的第三方物流企业、基于运输服务的第三方物流企业。我国大部分第三方物流企业都属于资产基础型第三方物流公司，拥有自己的物流设施与设备。

（2）非资产型第三方物流公司。这类企业是一种物流管理公司，没有自己的运输、仓储设施设备，或通过租赁方式取得这类资产，只利用企业员工对网络的专业知识和管理系统，专业管理客户的各种物流功能，为客户提供第三方物流服务。

扫一扫

请扫一扫如图 5-7 所示的二维码，了解国有第三方物流企业——中国远洋海运集团有限公司。

图 5-7　中国远洋海运集团有限公司

任务执行

步骤 1：上网查找国内知名第三方物流企业的相关资料

上网查找国内知名第三方物流企业的相关资料，并填写表 5-3。本书由于篇幅所限，国内知名第三方物流企业仅介绍京东物流和苏宁物流。

表 5-3　国内知名第三方物流企业

序　号	企业名称	业务介绍
1		
2		
3		

京东物流

京东物流（其官网首页如图 5-8 所示）隶属于京东集团，以打造客户体验最优的物流履约平台为使命，通过开放、智能的战略举措促进消费方式转变和社会供应链效率的提升，将物流、商流、资金流和信息流有机结合，实现与客户的互信共赢。京东物流通过布局全国的自建仓配物流网络，为商家提供一体化的物流解决方案，实现库存共享及订单集成处理，可提供仓配一体、快递、冷链、大件、物流云等多种服务。

京东物流以降低社会物流成本为使命，致力于成为全球供应链的基础设施服务商。基于短链供应，打造高效、精准、敏捷的物流服务；通过技术创新，实现全面智慧化的物流体系；与合作伙伴、行业、社会协同发展，构建共生物流生态。通过智能化布局的仓配物流网络，京东物流为商家提供仓储、运输、配送、客服、售后的正逆向一体化供应链解决方案；快递、快运、大件、冷链、跨境、客服、售后等全方位的物流产品和服务，以及物流云、物流科技、物流数据、云仓等物流科技产品。京东是拥有中小件、大件、冷链、B2B、跨境和众包（达达）

六大物流网络的企业。

图 5-8 京东物流官网首页

苏宁物流（其官网首页如图 5-9 所示）始建于 1990 年，早期主要为苏宁提供物流服务。2012 年，苏宁物流从苏宁的内部服务体系中剥离出来，转型为第三方物流公司。2015 年 1 月 12 日，苏宁董事长张近东宣布成立苏宁物流集团，加速物流业务板块产业化发展、独立化运营的能力。

图 5-9 苏宁物流官网首页

苏宁物流目前的业务涉及供应物流、仓配物流、揽件速递、冷链物流及跨境物流，后续还将继续扩大开展农村电商。2018 年，苏宁物流发布了"团聚计划"，即在 2018 年春节企业将在 43 个城市设立 100 座爱心驿站，组织值班的快递员和家属一起过年，率先打响了春节快递不打烊服务。

苏宁物流已经完成了在中国内地、中国香港、日本等国内外 280 多个城市的网络布局，并逐步向社会开放物流资源和能力。为大力发展快递业务，苏宁物流将原先使用的 SAP（企业管理解决方案）系统升级为 LES（物流执行系统），可支持多样化的物流业务。在行业主管部门的指导下，苏宁物流积极申请快递从业牌照，已经取得 200 多个城市的国内快递牌照及电商企业国际快递牌照。

步骤 2：上网查找国外知名第三方物流企业的相关资料

上网查找国外知名第三方物流企业的相关资料，并填写表 5-4。本书由于篇幅所限，国外知名第三方物流企业仅介绍马士基集团和 TNT 集团。

表 5-4 国外知名第三方物流企业

序号	企业名称	业务介绍
1		
2		
3		

马士基集团

公司名称：马士基集团（Maersk）
公司总部：丹麦哥本哈根市
成立时间：1904 年
产品服务：世界十大著名船公司之首，全球最大的集装箱航运公司，主要从事出口物流、仓储、分拨、空运、海运代理、报关代理和拖车服务
服务网络：覆盖全球逾 120 个国家或地区的 300 多个港口

TNT 集团

公司名称：TNT 集团（TNT Express）
公司总部：荷兰阿姆斯特丹
成立时间：1946 年
产品服务：全球领先的快递邮政服务供应商，为企业和个人客户提供全方位的快递和邮政服务。
服务网络：网络覆盖世界 200 多个国家或地区，提供一系列独一无二的全球整合性物流解决方案。此外，TNT 还为澳大利亚以及欧洲、亚洲的许多主要国家提供业界领先的全国范围快递服务。

步骤 3：展示与分享

各组派一名代表上台，将本组上网查找的资料与大家分享。

任务评价

在完成上述任务后,教师组织进行三方评价,并对学生的任务执行情况进行点评。学生完成表 5-5 的填写。

表 5-5 "认识第三方物流企业"任务评价表

任务		评 价 得 分				
任务组		成员				
	评价任务	分值	自我评价（20%）	他组评价（30%）	教师评价（50%）	合计（100%）
评价标准	能够按照任务要求上网查找所需资料	30				
	能够按照任务要求准确理解知识要点,并填写表格	35				
	能够与他人分享所查找的资料,清晰地阐述小组观点	35				
	合计	100				

思政课堂

请扫一扫图 5-10 中的二维码,进行项目五思政课堂的学习。

图 5-10 项目五思政课堂

项目六

体验电商物流

本项目共有3个任务，现在让我们通过任务的学习，好好体验电商与物流之间的密切关系吧！

项目目标

知识目标	1. 了解电子商务的概念、分类、特点和发展趋势。 2. 了解电子商务物流和电子商务与物流的联系。 3. 了解电子商务物流的模式和不同模式的优劣势。
技能目标	1. 能够区分不同的电子商务模式。 2. 能够借助电子商务平台体验电子商务物流。 3. 能够通过不同的电子商务平台感受不同的电子商务物流模式。
素质目标	1. 培养学生信息检索的能力和自主学习的能力。 2. 感受信息科技带来的变化，培养学生的民族自豪感和优越感。 3. 树立终身学习的理念，持续关注电子商务物流领域的最新动态和技术发展。

任务一　了解电子商务

任务展示

（1）请扫一扫如图 6-1 所示的二维码，预习本任务的学习资料。

（2）学生以小组为单位，上网查找电子商务的定义、分类、特点和发展趋势等。然后以"我认识的电子商务"为题，制作 PPT 并与大家分享。

图 6-1　本任务的学习资料

任务准备

任务准备 1：什么是电子商务

电子商务通常是指在全球各地广泛的商业贸易活动中，在互联网开放的网络环境下，基于浏览器/服务器应用方式，买卖双方不谋面地进行各种商贸活动，实现消费者的网上购物、商户之间的网上交易和在线电子支付，以及各种商务活动、交易活动、金融活动和相关的综合服务活动的一种新型的商业运营模式。各国政府、学者、企业界人士根据自己所处的地位和对电子商务参与的角度和程度的不同，给出了许多不同的定义。

电子商务从范围上可分为狭义的电子商务和广义的电子商务。狭义的电子商务（Electronic-Commerce，EC）主要是指利用互联网进行的商务交易；广义的电子商务（Electronic-Business，EB）是指基于互联网等计算机网络之上的、在企业业务流程上用于执行与支持价值链增值的一切活动，包括市场、销售、采购、供应链管理等各类环节。它是一种以计算机网络为载体的自动商业流程，不仅包括企业内部的流程，也包括企业与企业之间、企业与个人、企业与政府或其他社会组织之间的业务流程。无论是狭义的电子商务还是广义的电子商务都涵盖了两个方面：一是离不开计算机网络这个平台，没有了网络，就称不上电子商务；二是通过计算机网络完成的是一种商务活动。

可通过以下 5 个方面来理解电子商务的内涵。

（1）电子商务是一种采用先进信息技术的买卖方式。

（2）电子商务实质上形成了一个虚拟的交易场所。

（3）电子商务是"现代信息技术"和"商务"两个子集的交集。

（4）电子商务不等于商务电子化。

（5）电子商务的电子方式是形式，跨越时空限制、提高商务效率是主要目的。

扫一扫

请扫一扫如图 6-2 所示的二维码，阅读并了解《中华人民共和国电子商务法》。

图 6-2 中华人民共和国电子商务法

任务准备 2：电子商务如何分类

电子商务可按照以下方式进行划分，如图 6-3 所示。

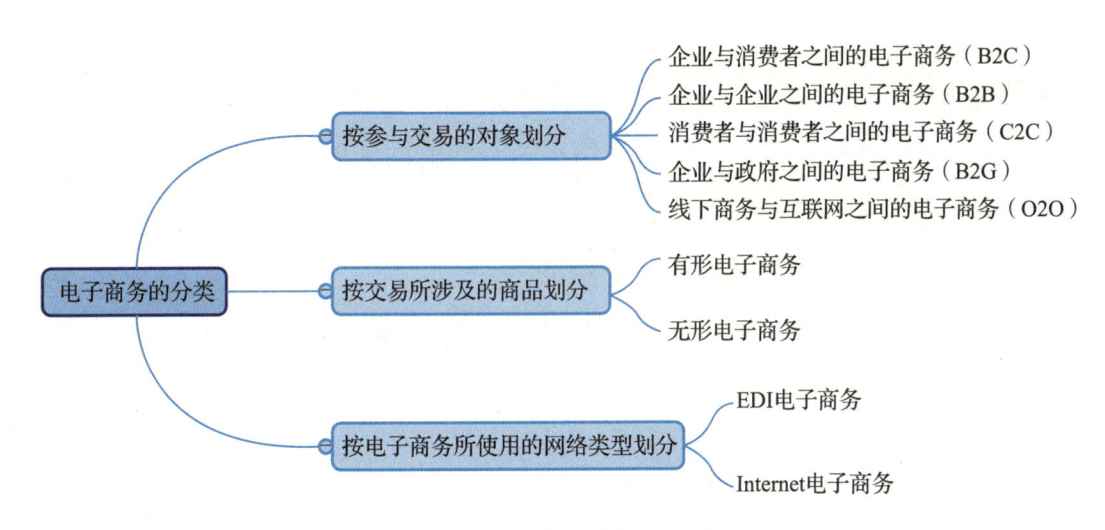

图 6-3 电子商务的分类

（1）按参与交易的对象划分：企业与消费者之间的电子商务（B2C）、企业与企业之间的电子商务（B2B）、消费者与消费者之间的电子商务（C2C）、企业与政府之间的电子商务（B2G）、线下商务与互联网之间的电子商务（O2O）等。

（2）按交易所涉及的商品划分：有形电子商务、无形电子商务。

（3）按电子商务所使用的网络类型划分：EDI 电子商务、Internet 电子商务。

任务准备 3：电子商务的特点有哪些

与传统商务形式相比，电子商务有以下几个特点，如图 6-4 所示。

（1）交易全球化。电子商务不受时间、地域限制，

图 6-4 电子商务的特点

凡是能够上网的人，无论在何时、何地，都将被包容在一个市场中，都有可能成为上网企业的客户。

（2）交易快捷化。电子商务能在世界各地瞬间完成传递与计算机自动处理，而且无须人员干预，极大地减少了交易时间，加快了交易速度。

（3）交易虚拟化。通过以互联网为代表的计算机互联网络进行的贸易，双方从洽谈、签约到订货、支付等，无须当面进行，均通过计算机互联网络完成，整个交易完全虚拟化。

（4）交易成本低廉化。由于通过网络进行商务活动，信息成本低，足不出户，可节省交通费，交易双方无须中介参与，减少了中介费用，因此整个活动成本大大降低。

（5）交易透明化。电子商务中的洽谈、签约，以及货款的支付、交货的通知等整个交易过程都在电子屏幕上显示，因此显得比较透明。

（6）交易标准化。电子商务的操作要求按统一的标准进行，保证交易双方按照统一的标准规则进行交易。

（7）交易连续化。交易双方可在任何时间、地点通过互联网接入交易，可以实现 24 小时的服务。任何人可以在任何时候查询交易信息。企业的网址成为永久性的地址，为全球的客户提供不间断的信息源。

任务准备 4：电子商务的基本组成要素有哪些

电子商务的基本组成要素有网络、客户、认证中心、物流配送、网上银行、商家等，如图 6-5 所示。

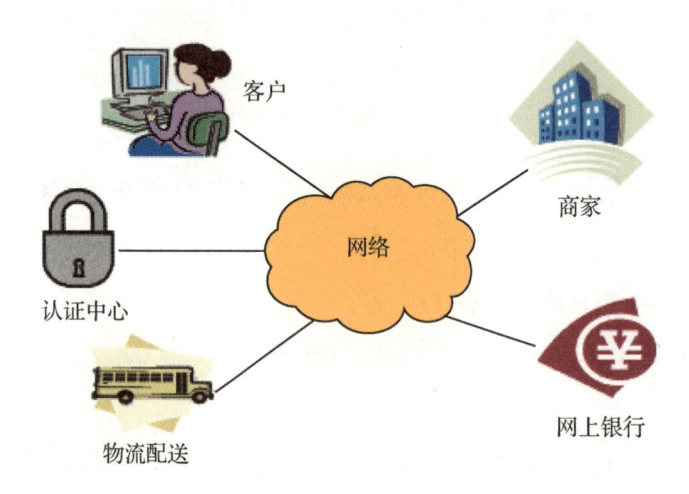

图 6-5　电子商务的基本组成要素

（1）网络。网络包括 Internet、Intranet、Extranet。Internet 是电子商务的基础，是商务、业务信息传送的载体；Intranet 是企业内部商务活动的场所；Extranet 是企业与企业，以及企业与个人进行商务活动的纽带。

（2）客户。电子商务客户可以分为个人客户和企业客户。

（3）认证中心。认证中心是受法律承认的权威机构，负责发放和管理数字证书，使网上交易的各方能互相确认身份。数字证书是一个包含证书持有人个人信息、公开密钥、证书序号、有效期、发证单位的电子签名等内容的数字文件。

（4）物流配送。接受商家的送货要求，组织运送无法从网上直接得到的商品，跟踪产品的流向，将商品送到消费者手中。

任务执行

步骤1：查阅资料，了解电子商务的含义

查阅相关资料，简要说明什么是电子商务，并将自己对电子商务的理解写在下面的横线上。

_____

_____

步骤2：查阅资料，了解 B2C、B2B、C2C、B2G、O2O 等常见的电子商务模式

按参与交易的对象，电子商务可分为企业与消费者之间的电子商务（B2C）、企业与企业之间的电子商务（B2B）、消费者与消费者之间的电子商务（C2C）、企业与政府之间的电子商务（B2G）、线下商务与互联网之间的电子商务（O2O）等。请查阅相关资料，并填写表 6-1。

表 6-1　常见的电子商务模式一览表

模　式	英 语 全 称	模 式 解 释
B2C	Business to Customer	
B2B	Business to Business	
C2C	Customer to Customer	
B2G	Business to Government	
O2O	Online to Offline	

步骤3：查阅资料，了解我国电子商务的发展趋势

随着"互联网+"和数字经济的深入推进，我国的电子商务将迎来新机遇。新一轮科技革命为电子商务创造了新场景，新一轮全球化为电子商务的发展创造了新需求，经济与社会结构变革为电子商务拓展了新空间，我国的电子商务将步入规模持续增长、结构不断优化、活力持续增强的新发展阶段。总体来看，我国的电子商务将呈现服务化、多元化、国际化、规范化的发展趋势。

（1）线上线下深度融合，电子商务转变为新型服务资源。未来围绕消费升级和民生服务，电子商务的服务属性将更加明显。电商数据、电商信用、电商物流、电商金融、电商人才等

电子商务领域的资源将在服务传统产业发展中发挥越来越重要的作用，成为新经济的生产要素和基础设施。以信息技术为支撑、以数据资源为驱动、以精准化服务为特征的新农业、新工业、新服务业将加快形成。

（2）网络零售提质升级，电子商务的发展呈现多元化趋势。随着人民生活水平的提升和新一代消费群体成长为社会主要消费人群，消费者将从追求价格低廉向追求产品安全、品质保障、个性需求及购物体验转变。社交电商、内容电商、品质电商、C2B 电商将成为市场热点，新技术应用更快，电子商务模式、业态、产品、服务将更加丰富多元。

（3）"丝路电商"蓄势待发，电子商务加快国际化步伐。"一带一路"高峰论坛的成功召开进一步促进了沿线国家的政策沟通、设施联通、贸易畅通、资金融通、民心相通，为电子商务企业拓展海外业务创造了更好的发展环境。商务部会同国家发展和改革委员会、外交部等围绕"一带一路"倡议，加强与沿线国家的合作，深入推进多层次合作和规则制定，推动"丝路电商"发展，服务跨境电商企业开拓新市场。

（4）治理环境不断优化，电子商务加快规范化发展。电子商务相关政策法律陆续出台，"通过创新监管方式规范发展，加快建立开放公平诚信的电子商务市场秩序"，形成共识和政策合力。国家发展和改革委员会、中共中央网络安全和信息化委员会办公室、商务部等32个部门建立了电子商务发展部际综合协调工作组，为加强电子商务治理提供了组织保障。电子商务企业成立"反炒信联盟"等自律组织，不断强化内部管理，促进电商生态规范、可持续发展。

步骤 4：各组派一名代表上台分享

各组以"我认识的电子商务"为题，制作 PPT，并派一名代表上台分享。

任务评价

在完成上述任务后，教师组织进行三方评价，并对学生的任务执行情况进行点评。学生完成表 6-2 的填写。

表 6–2 "了解电子商务"任务评价表

任务			评价得分			
任务组			成员			
评价任务		分值	自我评价（20%）	他组评价（30%）	教师评价（50%）	合计（100%）
评价标准	能够按照任务要求查找并整理所需资料	30				
	能够在对资料进行归纳和提炼的过程中掌握相关知识	35				
	能够清晰地与他人分享所查找的资料	35				
合计		100				

任务二　认识电子商务物流

任务展示

（1）请扫一扫如图 6-6 所示的二维码，预习本任务的学习资料。

（2）学生以小组为单位，进行一次网购，感受借助电子商务平台进行交易，利用电子商务网站进行一项物流活动，亲身感受与物流公司打交道，认识电子商务物流，并理解电子商务和物流之间的关系，填写表 6-3，最后每组派一名代表上台分享。

图 6-6　本任务的学习资料

表 6-3　认识电子商务物流实训记录表

步　骤	参　与　人	具体实施过程	感 受 感 想
1			
2			
3			
4			
5			
6			
7			
8			

通过本次实训，我觉得电子商务与物流的关系是：

任务准备

任务准备 1：什么是电子商务物流

电子商务物流是伴随电子商务技术和社会需求的发展而出现的，它是电子商务实现经济价值不可或缺的重要组成部分。电子商务物流是为了简化交易流程和时间，以商品代理和配送为主要特征，将物流、商流、信息流有机结合的社会化物流配送体系。通过电子商务与客户进行交流并接收订单，借助物流进行配送并跟踪完整的物流信息。

113

任务准备2：电子商务与物流有什么关系

1. 物流为电子商务提供保障

电子商务离不开物流，一个完整的电子商务交易过程包含信息流、商流、物流和资金流。电子商务交易流程如图6-7所示，物流是连接下单付款和收货评价这一环节的关键。其中，物流是基础，信息是桥梁，资金是目的。物流在对商品进行发送、跟踪、分拣、接收、存储、提货及包装，将商品从商家手中送往消费者的过程中起着重要的作用。借助互联网技术，将信息流共享到网上，通过物流完成商品在时间与空间上的转移，消费者确认收货后完成资金流的转移，最终达到商流的目的。因此，物流环节是联系卖家和买家的纽带，电子商务带动了物流的飞速发展，物流也在促进电子商务的腾飞。

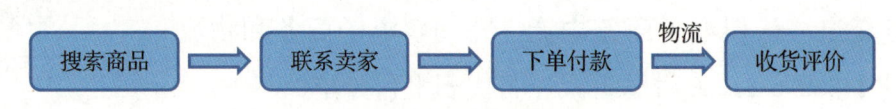

搜索商品 → 联系卖家 → 下单付款 →（物流）→ 收货评价

图6-7 电子商务交易流程

2. 电子商务促进物流的发展

伴随网上商城、网上购物的出现，物流的服务对象变得多样化，客户也对物流提出了低成本、高服务的需求。在传统物流中，配送的过程由许多业务构成，但在电商的背景下，网络连接了物流和配送的整个流程，这要求物流在非常短的时间内做出快速响应，电子商务对物流提出更高的要求，促进了物流的发展。传统物流由许多业务构成，但受人为因素和时间因素的影响，在电子商务的背景下，借助信息化技术，物流系统得到更新。电子商务促进物流产业的改善和提高，这必然会促进物流的基础设施得到改善。电子商务与物流相互促进，密不可分。电子商务的发展对物流提出了更高的要求，促进了物流的发展；物流发展起来，才能更好地适应电子商务的发展要求；物流的进步与发展，让电子商务发展得更快。

扫一扫

请扫一扫如图6-8所示的二维码，了解电子商务物流的发展现状。

图6-8 电子商务物流的发展现状

任务准备3：如何搜索与选购商品

根据你所需要选购的商品，进行商品导航搜索或使用关键词搜索，下面以"安抚奶嘴"为例进行介绍。搜索商品需要注意关键词的使用，如关键词搜索不当，则会造成选购的商品与自身希望所得不符。如图 6-9 所示，只搜索"安抚奶嘴"，会出现一些热门搜索的关键词。

图 6-9　搜索商品

任务执行

步骤1：选择电子商务购物网站

选择电子商务购物网站，常用的电子商务购物网站见表 6-4，可进入网站对应的网址完成后续相关任务。

表 6-4　常用的电子商务购物网站

电子商务购物网站的名称	简　介
淘宝商城	中国深受欢迎的网购零售平台
天猫商城	全球消费者挚爱的品质购物之城
京东商城	专业的综合网上购物商城
苏宁易购	苏宁云商集团股份有限公司旗下新一代 B2C 网上购物平台
亚马逊中国	全球最大的电子商务公司在中国的网站
唯品会	主营业务为互联网在线销售品牌折扣商品
当当网	全球知名的综合性网上购物商城
拼多多	专注于拼团购物的第三方社交电商平台

步骤2：完成购物账号申请与支付绑定

在进行网购之前，需要先注册购物平台的账号并进行登录，同时需要完成网上支付的绑定。下面以淘宝商城为例进行介绍。

登录淘宝网，单击页面左上方的"免费注册"，如图 6-10 所示。

图 6-10 购物账号申请与注册 -1

进入注册页面后单击"同意协议"按钮，输入手机号并将滑块拖动到最右边，随后单击"下一步"按钮，如图 6-11 和图 6-12 所示。

图 6-11 购物账号申请与注册 -2

图 6-12 购物账号申请与注册 -3

在随后进入的页面中输入手机验证码,单击"同意协议并注册"按钮,如图6-13所示。

图6-13 购物账号申请与注册-4

进入填写账号信息页面,填写账号信息,如登录密码、会员名等(会员名建议使用中文,使用英文后面会出现烦琐的验证程序),如图6-14所示。

图6-14 填写账号信息页面

进入设置支付方式页面后,填写银行卡号、持卡人姓名、身份证号和手机号码,完成支付方式的设置,如图6-15所示。

图 6-15　设置支付方式页面

注册好淘宝账号之后，就可以使用淘宝账号进行网上购物了，注册成功页面如图 6-16 所示。

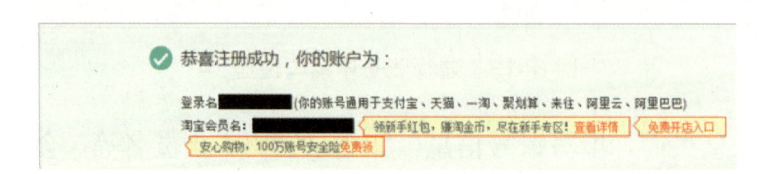

图 6-16　注册成功页面

步骤 3：体验购物

1. 搜索商品，对商品进行筛选后下单

输入关键词后进行精确的商品搜索，还可以对商品进行筛选，如图 6-17 所示，针对自己的价格需求和偏好对商品显示进行排序，货比三家后选出自己喜爱的商品。

图 6-17　购物关键词搜索

2. 跟踪物流信息

如图6-18所示，根据运单号码，了解负责配送的物流公司的情况，查询具体的物流节点与到达时间。

图 6-18 跟踪物流信息

如图6-19所示，查询具体的物流信息，跟踪商品到达站点，预估商品到达时间，记录是否存在发货或配送延迟的情况。

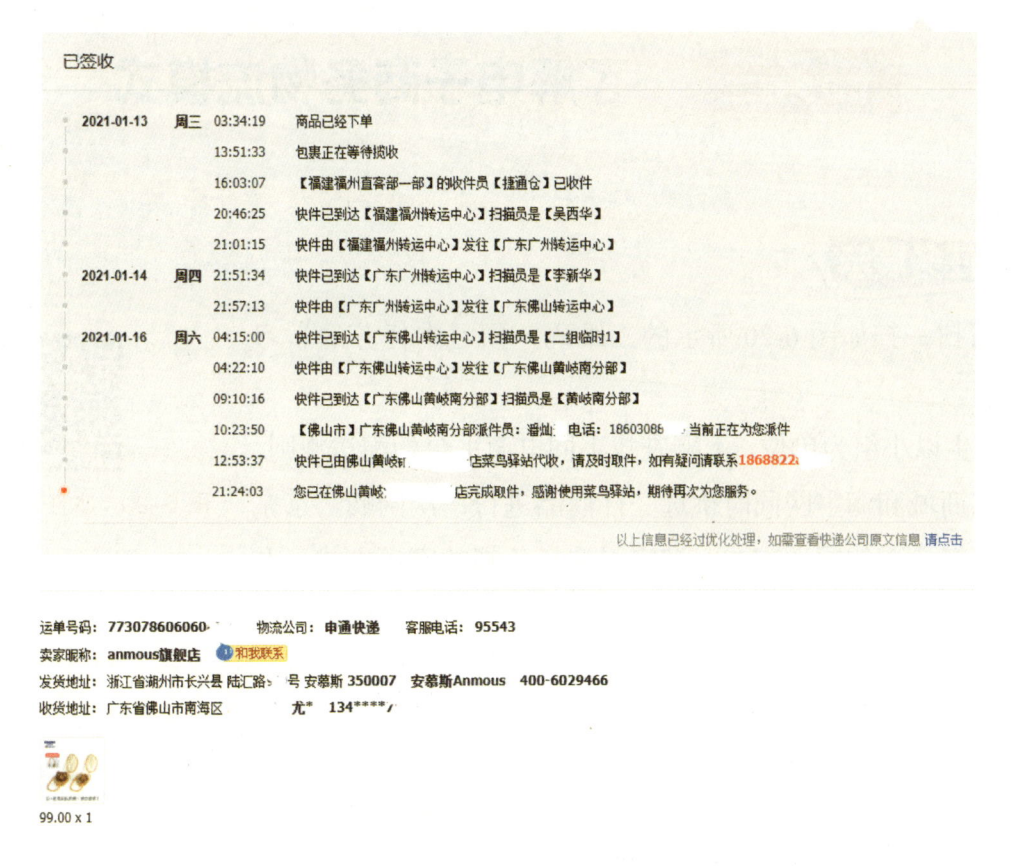

图 6-19 物流信息

👍 步骤4：各组派一名代表上台分享

各组派一名代表上台与大家分享本组电子商务物流实训的经历与体会。

任务评价

在完成上述任务后，教师组织进行三方评价，并对学生的任务执行情况进行点评。学生完成表 6-5 的填写。

表 6-5 "认识电子商务物流"任务评价表

任　　务			评 价 得 分			
任务组		成员				
	评价任务	分值	自我评价（20%）	他组评价（30%）	教师评价（50%）	合计（100%）
评价标准	能够熟悉上网购物的流程	30				
	能够掌握电子商务物流的概念，能够了解电子商务与物流的关系	35				
	能够清晰地与他人进行观点分享	35				
合计		100				

任务三　了解电子商务物流模式

任务展示

（1）请扫一扫如图 6-20 所示的二维码，预习本任务的学习资料。

（2）学生以小组为单位，上网查找不同电商平台的配送规则，尝试在京东商城和淘宝网同时挑选一件商品进行一次网购，京东商城选择京东自营的配送方式，淘宝网选择免邮的寄送方式，在两个平台上尽量选择寄件人所在地相同的地方，对比在两家不同的电子商务平台上的购物，感受不同的配送方式带来的不同的时间差异，了解不同形式的电子商务物流模式，完成表 6-6，最后各组派一名代表上台分享。

图 6-20　本任务的学习资料

表 6-6　了解电子商务物流模式实训记录表

购买的商品	寄件人所在地	到货用时	使用的物流

续表

购买的商品	寄件人所在地	到货用时	使用的物流
购物体验报告			
哪个电商平台购物送达时间最快			
使用的是什么物流配送			
两种配送方式有什么差异			
你更喜欢哪一种配送服务？为什么			

任务准备

任务准备 1：电子商务物流模式有哪些

电子商务物流模式主要是指以市场为导向、以满足客户要求为宗旨、获取系统总效益最优化的适应现代社会经济发展的模式，主要包括自营物流、物流联盟、第三方物流、第四方物流和物流一体化 5 种模式，见表 6-7。

表 6-7　电子商务物流模式一览表

序号	电子商务物流模式	模式说明
1	自营物流	所谓自营物流（自建物流），即企业自身投资建设物流的运输工具、储存仓库等基础硬件，经营管理企业的整个物流运作过程。如图 6-21 所示，京东选择自营物流，商家将商品根据区域需求量存放在京东商城的仓库中，接到客户的订单后，直接从京东仓库按区域进行分拣配送，京东亲自进行配送，因此可以做到准时达、极速达，配送效率相比一般第三方快递行业更高
2	物流联盟	物流联盟是指两个或多个企业之间为了各自的利益，以物流为合作基础，通过契约的方式达成协议，互用对方的配送系统进行配送的模式。这种模式能够整合资源、降低成本，同时能够加强企业间的信息互通，使企业间建立良好的合作关系，能够使企业在资金和人力投入较少的情况下，扩大自身的配送规模和范围，这种模式比较适合电子商务条件下 B2B 的交易方式。如图 6-22 所示，菜鸟联盟中各商家以物流为合作基础，联盟商家互用各商家在不同城市的配送网络和资源，能够有效降低自身的配送成本
3	第三方物流	第三方物流是指独立于买卖双方之外的专业化物流公司。长期以合同或契约的形式承接供应链上相邻组织委托的部分或全部物流功能，因地制宜地为特定企业提供个性化的全方位物流解决方案，实现特定企业的产品或劳务快捷地向市场移动，在信息共享的基础上，实现优势互补，从而降低物流成本，提高经济效益。如图 6-23 所示，淘宝网的物流配送一般选择"三通一达"的第三方快递企业，同样能够将商品快速、安全地送达到客户手中

续表

序 号	电子商务物流模式	模 式 说 明
4	第四方物流	第四方物流是一个供应链的整合者与集成者，通过第三方物流和优秀的技术专家、管理顾问之间的联盟，集成管理咨询和第三方物流的能力，降低实时操作和传统外包产生的成本，通过影响整个供应链来实现增值，为客户提供全方位的最佳供应链解决方案
5	物流一体化	物流一体化是指以物流系统为核心，将生产企业、物流企业、销售企业直至客户的供应链整体化和系统化。它是在第三方物流的基础上发展起来的新的物流模式

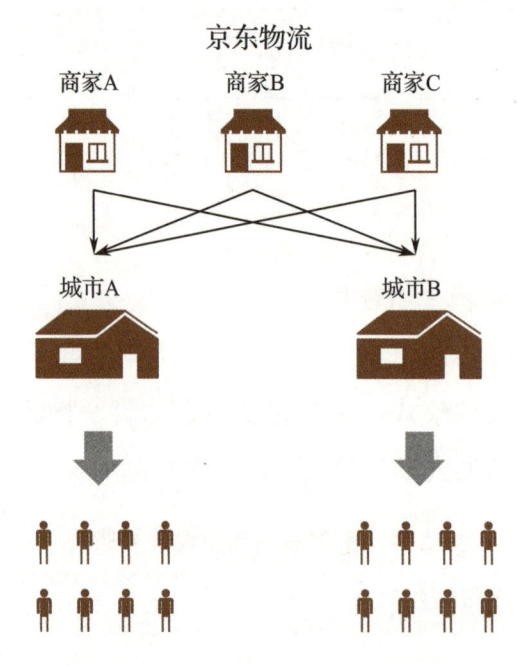

图 6-21 京东商城自营配送模式

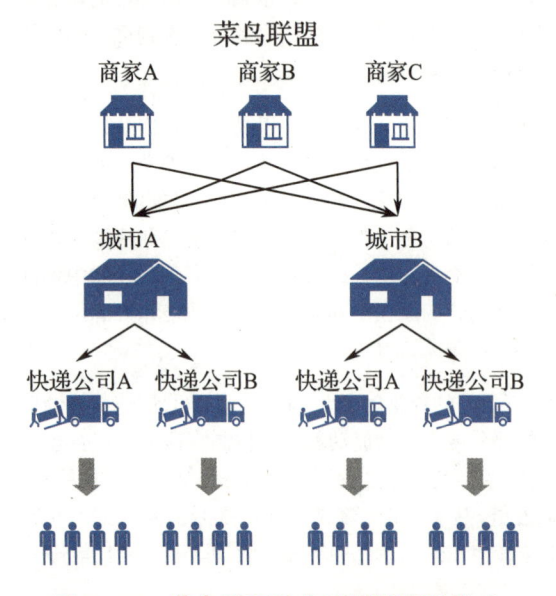

图 6-22 菜鸟联盟的物流联盟配送模式

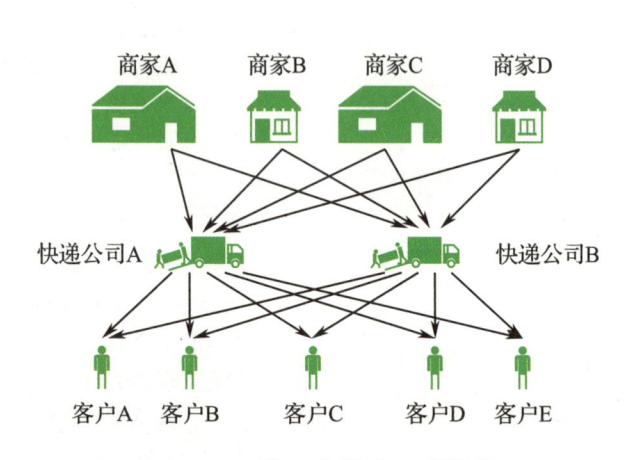

图 6-23 第三方物流配送模式

任务准备 2：不同的电子商务物流模式的优劣势是什么

自营物流、物流联盟、第三方物流、第四方物流和物流一体化 5 种物流模式的优劣势见表 6-8。

表 6-8　电子商务物流模式的优劣势一览表

模　式	优　势	劣　势
自营物流	对物流环节有较强的控制能力，易于与其他环节密切配合，全力地、专门地服务于本企业的运营管理，使企业的供应链更好地保持协调、简洁与稳定。此外，自营物流还能保证供货的准确和及时，保证客户服务的质量，维护了企业和客户间的长期关系	投入非常大，建成后对规模的要求很高，大规模才能降低成本，否则将会长期处于不赢利的境地，而且投资成本较大、时间较长，对企业的柔性有不利影响。自建庞大的物流体系，需要占用大量的流动资金，需要较强的物流管理能力
物流联盟	对于电商企业来说资金投入不高，有助于企业学习建立自身完善的物流服务体系。物流服务的专业化程度较自营物流高，物流的可控性稍弱一些，较第三方物流客户关系的管理质量要好	人员储备不足，制度不够规范化，物流资源的利用不合理、不充分
第三方物流	有利于企业集中核心业务，能降低成本，减少资本积压，减少库存，提升企业形象，提高企业经营效率	第三方物流尚未成熟，容易受制于人。签订物流服务外购合同后，物流业务交由第三方物流公司打理，双方的力量对比因此发生了变化
第四方物流	能有效降低企业的物流成本，企业同样可以享受第三方物流的服务，通过第三方的平台时效性有保证	第四方物流无成本运作，难以取得客户的信任，物流环节增多，运输风险变大
物流一体化	配送企业可以直接组织到货源并拥有产品支配权和所有权，可获得一定的资源优势	不利于实现物流配送活动的规模经营，不可避免地会受到销售的制约

扫一扫

请扫一扫如图 6-24 所示的二维码，了解电子商务物流的发展趋势。

图 6-24　电子商务物流的发展趋势

任务执行

步骤 1：了解常见电商平台的物流配送服务

登录亚马逊、京东商城、苏宁易购和淘宝网，了解它们的配送方式、配送政策及服务。你觉得谁的物流配送方案最优，为什么？

1. 亚马逊电商平台的物流配送服务

亚马逊电商平台的物流配送服务见表6-9。凡订单中的合格商品满足以下任一种情况，即可享受整单免费配送服务。在亚马逊网站购买满99元"合格商品"或满59元"合格图书商品"，即可享受免费配送服务（选择DHL、UPS配送方式除外）。亚马逊Prime会员购买带Prime标识的商品，海外购订单满200元（不含预估进口税费）或国内订单零门槛，即可享受免费标准配送。

表6-9 亚马逊电商平台的物流配送服务（2021年1月）

合格商品	商品类型	购买金额	是否免配送费
亚马逊自营商品或香港/保税仓商品	订单中不包含合格图书商品	≥99元	整单免运费
亚马逊自营商品或香港/保税仓商品	订单中包含合格图书商品	图书≥59元 或 订单总金额≥99元	整单免运费
带Prime标识的商品	海外购商品	≥200元（不含预估进口税费）	亚马逊Prime会员整单免运费
带Prime标识的商品	亚马逊自营商品或香港/保税仓商品	无金额限制	亚马逊Prime会员整单免运费

规则：
1. "合格商品"包括所有（1）亚马逊中国直接销售和发货的商品，（2）香港/保税仓商品；"合格图书商品"包括所有亚马逊中国直接销售和发货的图书商品。
2. 免运费政策可适用三种配送方式：（1）快递送货上门，（2）预约送货上门，（3）邮政送货上门（非EMS）。
3. 若因客户原因取消或退回商品导致合格商品总金额低于免运费标准，需要支付5元或10元配送费。
4. 亚马逊发送的所有邮件及其站外推广内容中提供的促销、优惠、商品价格、配送、退换货政策等信息，以亚马逊网站展示的信息为准。

2. 京东商城的物流配送服务

请扫一扫如图6-25所示的二维码，观看京东物流的视频讲解。

京东商城的物流配送服务见表6-10。京东商城的配送服务有京东特色配送（京邦达）、211限时达、次日达、极速达、隔日达、定时达、夜间配、上门自提、京准达、京尊达、快递到车。

图6-25 京东物流

表6-10 京东商城的物流配送服务（2020年1月）

配送服务	服务内容	服务说明
京东特色配送（京邦达）	为了满足客户对第三方卖家订单的配送服务需求，京东配送团队承接京东第三方卖家商品进行配送	1. 京邦达配送为客户提供送货上门服务，支持货到付款，支持现金、POS机刷卡； 2. 京邦达配送开展第三方卖家配送服务，配送时效不同于京东自营订单时效，客户可以登录京东网站在"我的订单"中查询货物配送信息； 3. 京邦达配送采用标准操作流程，各环节均以最快速度发运、中转、派送，覆盖区域全国460座城市、1700多个区县； 4. 京邦达配送支持客户打开运输包装验货，商品包装完好再签收

续表

配送服务	服务内容	服务说明
211限时达	当日上午11:00前提交的现货订单（部分城市为上午10:00前，涉及城市有天津、深圳、重庆、杭州、东莞、福建漳州），当日送达；当日23:00前提交的现货订单，次日15:00前送达。 注：现货订单以提交时间点开始计算，现款订单以支付完成时间点计算	1. 由京东自营配送且是京东库房出库的商品（偏远区域除外），享受此服务。 2. 由于业务发展变化、行政区域更名等因素，211限时达配送区域可能会不时有扩大、变更或调整，具体区域请以京东最新确认为准。 3. 重量在15千克、体积在0.12立方米以内，如果超出此范围，您可能不能享受此服务
次日达	在一定时间点之前提交的现货订单，将于次日送达。 注：现货订单以提交时间点开始计算，现款订单以支付完成时间点计算	1. 由京东自营配送且是京东库房出库的商品（偏远区域除外），享受此服务。 2. 由于业务发展变化、行政区域更名等因素，次日达配送区域，可能会不时有扩大、变更或调整，具体区域请以京东最新确认为准
极速达	预计在结算页面展示的时间内将商品送至您提供的订单收货地址	目前可享受"极速达"配送服务的为京东部分自营商品（具体可参见商品详情页和结算页面相关提示，但合约机、赠品等特殊订单或商品类型除外）；若您选择的商品不支持"极速达"服务，将不能享受此项服务。其中，非生鲜中小件极速达和大件极速达每张订单内商品数量分别超过5件时不享受此项服务。 （1）非生鲜中小件极速达：若您（客户）购买自营商品，在08:00～20:00间选择在线支付方式且选择"极速达"配送服务并全额成功付款后，将预计在订单提交成功后2小时内配送商品；若您（客户）在20:00～次日08:00间全额成功付款选择此服务的，将预计在次日10:00前完成配送。若您（客户）在08:00～20:00间选择货到付款方式且选择"极速达"配送服务并成功提交订单后，将预计在2小时内配送商品；20:00～次日08:00间暂不支持极速达服务。 具体送达时效：货到付款订单以提交订单成功后显示的预计送达时间为准，在线支付订单以订单支付成功后显示的预计送达时间为准。 （2）大件极速达：客户在购买自营大件商品时选择"极速达"配送服务，须通过"在线支付"方式全额成功付款或"货到付款"方式成功提交订单，并勾选"极速达"服务后，我们预计会在3小时内配送商品。配送服务依据不同的地址提供不同的服务时间。例如，客户的地址是"北京-朝阳区-四环到五环之间"，客户在09:00～18:00下单时配送方式可选择大件极速达服务，超出此时间段无法选择"大件极速达"服务。 具体送达时效：货到付款订单以提交订单成功后显示的预计送达时间为准，在线支付订单以订单支付成功后显示的预计送达时间为准
隔日达	在当日截止到下单时间前提交的现货订单，隔日配送完成。 注：现货订单以提交时间点开始计算，现款订单以支付完成时间点计算	1. 由京东自营配送且是京东库房出库的商品（偏远区域除外），享受此服务； 2. 由于业务发展变化、行政区域更名等因素，隔日达配送区域，可能会不时有扩大、变更或调整，具体区域请以京东最新确认为准
定时达	在定时达区域，您（客户）可以享受7天内三个时间段的预约配送（09:00～15:00、15:00～19:00、19:00～22:00，晚间时段为支持夜间配送区域），大家电商品可以享受10天内预约配送	1. 预约的时间段为1～7天，大家电商品为1～10天，大家电商品仅可预约送货日，不可预约送货时间段； 2. 如您的地址在服务范围内，您将可以在提交订单时选择指定日期送货选项，根据定时达提供的时间段来选择收货时间，配送人员会尽力在承诺的时间段内将商品送到

125

续表

配送服务	服务内容	服务说明
夜间配	"夜间配"服务是为您提供更快速、更便利的一项增值服务,如您需要晚间送货上门服务,请下单时在日历中选择"19:00～22:00"时段,属"夜间配"服务范围内的商品,我们会尽可能安排配送员在您选定当日晚间19:00～22:00给您送货上门	1. "夜间配"服务可达北京、上海、西安、成都、广州、武汉、沈阳京东快递配送可覆盖的范围,且重量≤15千克、体积≤0.12立方米、金额≤5 000元的订单(多个订单的,金额累计计算); 2. 若可送达区域治安或交通等状况,会影响您及配送人员的人身财产安全,我们将会暂停此项服务,请您谅解
上门自提	下单时,配送方式选择"上门自提"(请选择离您最近的自提点或自提柜),自提订单提交成功后,订单到达指定自提点或自提柜,系统会向收货人手机发送自提码,然后到自提点或自提柜通过自提码提货即可	京东自提订单运费规则与送货上门订单运费规则一致
京准达	选择"京准达"配送服务,通过"在线支付"方式全额付款或"货到付款"方式成功提交订单后,将在您指定的送达时间段内,将您选择的属支持京准达服务的商品(赠品除外)送至您提供的订单收货地址	选择"京准达"配送服务,需对您每张订单在原订单金额基础上,加收京准达运费,大件商品39元/单,中小件商品6元/单,若一个订单中同时包含大件商品及中小件商品,将同时收取大件商品及中小件商品的京准达运费。若收取京准达运费的商品出现拒收、退货、换新、维修时,该运费不退还。 京准达运费模式:京准达运费和基础运费叠加收取,即若您购买的商品未满足京东免运费门槛,且同时选择京准达服务时,将收取基础运费+京准达运费+续重运费(如订单包含计重收取续重运费的商品)。 京准达服务费支持使用运费券。 可选择的预约时间段为: 支持标准211时效地址的可选择时间段为:09:00～11:00、11:00～13:00、13:00～15:00、15:00～17:00、17:00～19:00; 支持标准311时效地址的可选择时间段为:09:00～11:00、11:00～13:00、13:00～15:00、15:00～17:00、17:00～19:00、19:00～21:00(晚间时段为支持夜间配区域); 支持次日达时效地址的可选择时间段为:9:00～14:00、14:00～19:00; 支持隔日达时效地址的可选择时间段为:9:00～14:00、14:00～19:00; 具体以下单时可实际选择的预约配送的时间段为准
京尊达	"京尊达"服务是京东物流推出的高端物流服务产品。只要您在京东网站(www.jd.com)提交订单时选择"京尊达"服务,着正装、戴白手套的尊享使者将驾驶新能源车到达指定地点,手捧精美礼盒,传达亲切、暖心服务,创造极具仪式感的交付场景,让收货人感受到尊贵般礼遇	目前该服务开放城市为北京、上海、广州、深圳、成都、武汉、西安、沈阳、杭州
快递到车	包裹到达站点分配给配送员后,配送员将在不打扰您情况下发起寻车、定位、鸣笛闪灯并开启车辆后备厢,将包裹直接送到您的汽车后备厢	选择"快递到车"配送服务,将在原订单金额基础上,加收快递到车服务费,收费标准为3元/单。 注意事项: 1. 快递到车服务费与其他运费叠加收取,其他运费包含但不限于基础运费、续重运费、京准达、极速达运费等; 2. 快递到车服务费暂时不支持使用运费券

3. 苏宁易购的物流配送服务

（1）苏宁自营商品：由苏宁物流配送或厂家（经销商）直接配送。

（2）第三方商家商品：由商家自行选择或与客户协商确定的物流服务商配送，具体请客户关注商品详情页面或咨询商家。

苏宁物流配送服务说明如下。

（1）苏宁的配送网络覆盖全国绝大部分地区，无论客户选购的是大件商品还是小件商品，均可享受快捷、安全的苏宁配送服务。

（2）配送范围：请客户在收货地址处选择和填写正确的省、市、区/县及具体地址，系统将提示客户可选择的送货方式及相关配送信息。

苏宁易购的物流配送服务见表6-11。

表6-11 苏宁易购的物流配送服务（2021年1月）

配送服务	服务内容	服务说明
准时达	"准时达"是苏宁物流针对客户收货时间推出的一款精准配送的产品，选择"准时达"并及时支付成功后，快递员会在您（客户）选择日期的指定时间段将包裹送达订单收货地址	次日全天：9:00～11:00、11:00～13:00、13:00～15:00、15:00～17:00、17:00～19:00、19:00～21:00、21:00～23:00； 上午配送：9:00～11:00、11:00～13:00、13:00～15:00； 下午配送：15:00～17:00、17:00～19:00； 晚上配送：19:00～21:00、21:00～23:00。 支持苏宁自营、与苏宁仓配一体合作的商户，服务覆盖南京、北京、上海、广州、成都、武汉、西安、沈阳等城市的主城区
半日达	小件商品当日上午11:00前提交的订单，当日送达；商品当日23:00前提交的现货订单，次日14:00前送达； 大家电当日上午11:00前提交的订单，当日送达；18:00前提交的现货订单，次日送达	（1）货到付款订单以提交时间为准；在线支付的订单以支付时间为准； （2）由苏宁自营配送且是苏宁库房出库的商品，享受此服务； （3）由于业务发展变化、行政区域更名等因素，半日达配送区域，可能会不时有扩大、变更或调整，当日达截单时间也会有变化，具体区域、时间请以下单页面确认为准
预约配送	由苏宁自营配送的商品，可选择7日以内的预约配送服务	—
急速达	"急速达"配送服务是苏宁物流为客户提供的一项个性化服务，如您下单的商品满足一定条件（附近门店有货，且送货地址属于该门店覆盖范围），我们会在2小时内将商品送至您所留地址的一项服务	1. 服务费用："急速达"配送服务目前不收取费用； 2. 服务时间：若您在09:00～18:00间下单，且满足急速达相关要求，我们将在2小时内配送商品； 3. 支持商品范围：目前可享受"急速达"配送服务的为苏宁部分自营商品（具体可参见商品详情和结算页面相关提示）； 4. 支持派送范围：目前仅北京、上海、广州、成都、南京等部分城市的部分派送区域支持急速达服务，急速达具体派送区域请参考商品详情和结算页面，并留意苏宁相关公告内容

4. 淘宝网的物流配送服务

根据不同商品选择不同的快递，卖家的自主选择权较大，若买家指定快递公司则需要支付运费差额。

(1) 重量重、低廉（端）商品：选择天天快递、全峰快递、优速快递等。

(2) 普通商品：选择"三通一达"，即申通快递、圆通快递、中通快递、韵达快递。

(3) 单量多：通常选择性价比较高，时效与服务较好的固定快递合作，通常成本价较低。

(4) 高端、贵重商品：一般选择顺丰快递。

步骤 2：了解不同的电子商务物流模式

上网查阅资料，了解以下 6 家公司的电商物流模式，并填写表 6-12。

表 6-12　6 家公司的电商物流模式一览表

序号	公司 LOGO	公司名称	电商物流模式
1	JD.COM 京东		
2	亚马逊 amazon.cn		
3	Haier 海尔		
4	当当网 dangdang.com 网上购物享当当		
5	苏宁易购 suning.com		
6	CAINIAO 菜鸟		

步骤 3：各组派一名代表上台分享

各组派一名代表上台将本组上网查找的资料与大家分享。

任务评价

在完成上述任务后，教师组织进行三方评价，并对学生的任务执行情况进行点评。学生完成表 6-13 的填写。

表 6-13 "了解电子商务下物流业的发展"任务评价表

任 务			评 价 得 分			
任务组			成员			
评价标准	评价任务 || 分值	自我评价（20%）	他组评价（30%）	教师评价（50%）	合计（100%）
	能够熟悉不同电商平台网上购物的流程 || 30				
	能够了解常见电商平台的物流配送服务 || 35				
	能够理解不同的电子商务物流模式 || 35				
	合计 || 100				

思政课堂

请扫一扫图 6-26 中的二维码，进行项目六思政课堂的学习。

图 6-26　项目六思政课堂

项目七

认识国际物流

本项目共有 4 个任务，现在让我们通过任务的学习，以国际化视角认识物流吧！

项目目标

知识目标	1. 掌握国际物流的概念与特点。 2. 理解国际物流的分类。 3. 了解国际物流网络。 4. 了解国际物流运输方式的含义及特点。 5. 掌握国际物流运输方式的分类。 6. 理解国际物流运输方式的影响因素。 7. 理解国际物流节点的概念、分类。 8. 掌握国际物流节点的功能。 9. 了解主要的国际物流节点。 10. 掌握国际多式联运的概念和国际多式联运的运输组织形式。 11. 理解国际多式联运的优势。
技能目标	1. 能够判断典型的国际物流企业的类型。 2. 能够根据具体条件选择合理的国际物流运输方式。 3. 能够根据具体条件选择合理的国际多式联运运输组织形式。
素质目标	1. 培养学生的国际视野。 2. 培养学生积极主动探索式学习的能力。 3. 培养学生团队合作精神。

任务一　了解国际物流

任务展示

（1）请扫一扫如图 7-1、图 7-2 所示的二维码，预习本任务的学习资料和观看国际物流介绍的视频讲解。

（2）学生以小组为单位，完成如下几个任务：

① 上网查找资料，了解国际物流相关企业的类型。

② 查找不同类型的代表性国际物流企业的资料并介绍。

③ 每组派代表上台分享成果。

图 7-1　本任务的学习资料

图 7-2　国际物流介绍

任务准备

👍 任务准备 1：什么是国际物流

国际物流（International Logistics）是指跨越不同国家（地区）之间的物流活动。它是随着世界各国或地区之间进行国际贸易而发生的商品实体从一个国家或地区向另一个国家或地区流转的过程中所发生的物流活动。

👍 任务准备 2：如何划分国际物流

按照货物流向划分，国际物流可以分为进口物流和出口物流。按照国际物流所经过的区域划分，国际物流可以分为国家间物流和经济区域间物流。经济区域主要是指单独关税区域，如欧盟、北美自由贸易区等。按照物流的对象划分，国际物流可以分为贸易物流与非贸易物流。非贸易物流主要包括国际军火物流、国际邮品物流、国际援助与救助物资物流等。按照运输方式划分，国际物流可以分为国际海运物流、国际空运物流、国际铁路物流、国际公路物流、国际管道物流等。国际物流划分一览表见表 7-1。

表 7-1　国际物流划分一览表

划 分 标 准	具 体 分 类
按照货物流向划分	进口物流和出口物流
按照国际物流所经过的区域划分	国家间物流和经济区域间物流
按照物流的对象划分	贸易物流与非贸易物流
按照运输方式划分	国际海运物流、国际空运物流、国际铁路物流、国际公路物流、国际管道物流等

任务准备 3：国际物流的特点有哪些

国际物流相对于国内物流来说有其自身的特点，主要体现在 5 个方面。

（1）国际性。国际物流是跨国界的物流活动，市场广阔。国际物流跨越不同国境线，运输方式涉及海运、陆运和空运，运输路线涉及公路、铁路等多途径，还需要经过报关、商检等业务环节。

（2）复杂性。国际物流的复杂性主要包括国际物流通信系统设置的复杂性、法规环境的差异性和商业现状的差异性等。国际物流在物流通信设备、各国法律环境和商业发展情况等存在差异的环境中发展，其活动进展的因素变动较大。

（3）风险性。国际物流的风险性主要包括政治风险、经济风险和自然风险。政治风险主要是指由于所经过国家的政局动荡，如罢工、战争等原因造成商品可能受到损害或灭失；经济风险又可分为汇率风险和利率风险，主要是指从事国际物流必然要发生资金流动，因而产生汇率风险和利率风险；自然风险则是指物流过程中可能因自然因素（如台风、暴雨等）而引起的商品延迟、商品破损等风险。

（4）政府管制多。国际物流的发展对国际收支平衡有重要作用，因而受到政府的管制与约束较多。

（5）技术含量高。国与国之间的物流环境差异，要求实现国际化信息系统，降低物流信息处理费用，因而适当的技术支持是必不可少的。

扫一扫

请扫一扫如图 7-3 所示的二维码，了解国际物流的发展历程。

图 7-3　国际物流的发展历程

任务准备 4：什么是国际物流网络

国际物流网络可分为广义的物流网络与狭义的物流网络两种。

广义的物流网络是从宏观角度探讨的，主要包括物流基础设施网络和物流信息网络。物流基础设施网络包括全球性运输网络、全国性运输网络和地区性物流网络；物流信息网络是指伴随物流基础设施网络而相应传递各类信息的通信网络，如全球性物流信息网络、全国性物流信息网络和地区性物流信息网络等。

狭义的物流网络主要是指物流企业经营活动中所涉及的物流运输网络、物流信息网络、物流客户网络。物流运输网络是指由一个物流企业的物流节点、运输路线和运输工具等所组成的运输网络；物流信息网络是指由一个物流企业建立的有关客户需求信息、市场动态、企业内部业务处理等信息共享的网络；物流客户网络是指由物流企业所服务的对象组成的一个虚拟网络，客户越多，物流客户网络越大。

任务执行

步骤1：上网查找国际物流相关企业的类型

国际物流相关企业主要有班轮公司、航空公司、船舶代理有限公司、国际货运代理公司和报关行5种类型。

（1）班轮公司是指运用自己拥有或者自己经营的船舶，提供国际港口之间班轮运输服务，并依据法律规定设立的船舶运输企业。所谓班轮运输，是指在固定的航线上，以既定的港口顺序，按照事先公布的船期表航行的水上运输经营方式。

（2）航空公司是指以各种航空飞行器为运输工具，以空中运输的方式运载人员或货物的企业。

国际民用航空组织（International Civil Aviation Organization，ICAO）简称国际民航组织，是联合国下属专门负责管理和发展国际民航事务的机构。国际民航组织为全球各航空公司指定的3个字母作为航空公司代码。国际民航组织还是国际范围内制定各种航空标准及程序的机构，以保证各地民航航空公司运作的一致性。大部分国际航空公司都是国际航空运输协会（IATA）的成员。

（3）船舶代理有限公司（Shipping Agency Ltd）简称船代公司，即代理与船舶有关业务的单位，其工作范围有办理引水、检疫、拖轮、靠泊、装卸货、物料、证件等。船代公司负责船舶业务，办理船舶进出口手续，协调船方和港口各部门，以保证装卸货顺利进行；另外完成船方的委办事项，如更换船员、物料和伙食补给、船舶航修等。有时船方也会委托船代公司代签提单。船代公司的代理业务主要包括船舶进出港业务、供应业务、货运业务和其他服务性业务。

（4）国际货运代理公司是指接受进出口货物收货人、发货人的委托，以委托人的名义或者以自己的名义，为委托人办理国际货物运输及相关业务并收取服务报酬的法人企业。

国际货运代理公司主要接受委托方的委托，从事有关货物的运输、转运、仓储、装卸等事宜。它一方面与货物托运人订立运输合同，另一方面又与运输部门签订合同。因此，对货物托运人来说，它又是货物的承运人。目前，相当部分的货物代理人掌握各种运输工具和储存货物的库场，在经营其业务时办理包括海、陆、空在内的货物运输。

国际货运代理企业作为代理人或者独立经营人从事经营活动，其经营范围包括：揽货、订舱、托运、仓储、包装；货物的监装、监卸，集装箱装拆箱、分拨、中转及相关的短途运输服务；报关、报检、报验、保险；缮制签发有关单证、交付运费、结算及交付杂费；国际展品、私人物品及过境货物运输代理；国际多式联运、集运（含集装箱拼箱）；国际快递（不含私人信函）；咨询及其他国际货运代理业务。

（5）报关行（Customs Broker）是指经海关准许注册登记，接受进出口货物收发货人的委托，以进出口货物收发货人的名义或者以自己的名义，向海关办理代理报关业务，从事报关服务的境内企业法人。

报关行可以分为专业报关企业和代理报关企业两种。

专业报关企业系指经海关批准设立，办理注册登记手续，专门从事进出口货物代理报关业务，具有境内法人地位独立核算的经济实体。专业报关企业必须在名称中冠以"×××报关行"或"×××报关服务公司"字样。代理报关企业系指经营国际货物运输代理、国际运输工具代理等业务，并接受委托代办进出口货物的报关纳税等事宜的境内法人。

步骤2：上网查找不同类型的代表性国际物流企业

上网查找国际物流企业。由于篇幅所限，这里仅介绍5家国际物流企业。

国际物流企业1

马士基航运（Maersk Line）

马士基航运是马士基集团旗下最大的子公司，是世界上最大的集装箱航运公司，创建于1904年，总部设在丹麦首都哥本哈根。1999年7月，马士基集团和美国CSX（Chessie Seaboard eXtended）集团达成协议，马士基航运斥资8亿美元收购了CSX集团的下属成员——全球排名第二位的海陆国际集装箱运输公司（Sealand），奠定了马士基航运世界航运公司排名第一位的地位。

2005年，马士基航运又以23亿欧元（约29亿美元）的价格收购了当时全球排名第三位的班轮公司铁行渣华（P&O Nedlloyd）。马士基航运成就了全球航运业有史以来最大的一次收购，在航运业内外引起了很大的震撼。马士基航运自此成为世界航运业无可比拟的"巨无霸"。

国际物流企业2

荷兰皇家航空公司（KLM）

荷兰皇家航空公司是天合联盟的成员之一。2005年，荷兰皇家航空公司与法国航空公司合并，组成了欧洲最大的航空集团——法航荷航集团。荷兰皇家航空公司创立于1919年10月7日，它至今一直沿用着同一名称——KLM Royal Dutch Airlines，是世界上历史最悠久、一直拥有定期航班的航空公司，其总部位于荷兰的阿姆斯特丹，具有长达80多年的优良飞行服务经验。在国际航运公司协会的成员中，荷兰皇家航空公司的国际货运量和飞行里程均名列前茅。

荷兰皇家航空公司的业务范围：民航运输、飞机维修、飞机租赁、航空配餐、空中和地面服务人员培训、医疗服务与航行诊所、全球计算机定位系统及保险。

国际物流企业 3

辛克物流 SCHENKER Stinnes Logistics

辛克（Schenker）物流公司是世界知名的国际货代企业和第三方物流公司，隶属于德国铁路旗下的物流与货运分支机构 DB（Deutsche Bathn，德国联邦铁路）集团，提供优秀的海、陆、空运输服务，综合化的物流解决方案，进行全球连锁化管理。

辛克物流的业务范围涵盖货运代理、物流整合服务、供应链管理方案，以及奥运会、展会等特殊的物流服务。辛克物流的总部设在德国，1979年进入我国，目前在广州、北京、上海、南京、杭州、成都等大城市设立了21个办事处，专业技术人员有330多人，是在中国注册的第一批外资国际货运代理企业。

国际物流企业 4

泛亚班拿 PANALPINA on 6 continents

泛亚班拿（Panalpina）公司成立于1935年，总部设在瑞士的巴塞尔。泛亚班拿公司是世界上最大的货运和物流集团之一，它在全球80多个国家拥有约500家分公司，与其选择的伙伴密切合作。

泛亚班拿公司的核心业务是综合运输业务，所提供的服务是一体化、客户化的解决方案；通过一体化货运服务，将自身定位于标准化运输解决方案和传统货运代理公司之间。除了处理传统货运以外，泛亚班拿公司还为跨国公司提供物流服务，尤其是汽车、电子、电信、石油及能源、化学制品等领域的公司。

国际物流企业 5

中国外轮代理有限公司 PENAVICO

成立于1953年1月1日的中国外轮代理有限公司，是中国国际船务代理和国际运输代理行业的领导者，其专业经验和市场地位被业界公认，"PENAVICO"作为其注册商标，代表着准确、及时、文明、周到的服务。

中国外轮代理有限公司的总部设在中国的北京，下设80多家口岸外代，有遍布全国的300多个业务网点，在欧洲、日本、韩国、新加坡、中国香港等国家或地区设有代表处，具有完善的服务网络。

中国外轮代理有限公司获得了GB/T 19001—2016质量管理体系认证。从1999年开始，在由业界权威媒体举办的"中国货运业大奖"的历届评选中，中国外轮代理有限公司囊括了船务代理企业评比的各项第一。

> 步骤3：各组派一名代表上台分享

各组派一名代表上台将本组上网查找的资料与大家分享。

任务评价

在完成上述任务后，教师组织进行三方评价，并对学生的任务执行情况进行点评。学生完成表7-2的填写。

表7-2 "了解国际物流"任务评价表

任务		评价得分				
任务组		成员				
	评价任务	分值	自我评价（20%）	他组评价（30%）	教师评价（50%）	合计（100%）
评价标准	能够按照任务要求上网查找所需资料	30				
	能够对所查找的资料进行简单归纳及提炼	35				
	能够清晰地与他人分享所查找的资料	35				
	合计	100				

任务二　选择国际物流运输方式

任务展示

（1）请扫一扫如图7-4所示的二维码，预习本任务的学习资料。

（2）学生以小组为单位，完成如下几个任务：

① 上网查找资料，了解国际物流运输方式的含义、特点及分类。

② 介绍我国"一带一路"倡议的国际物流通道的运输方式。

③ 每组派代表上台分享成果。

图7-4　本任务的学习资料

任务准备

任务准备1：国际物流运输方式的含义及特点是什么

国际物流运输方式是指将货物从一国运到另一国所采用的一种或多种运输方式。在国际物流中采用的运输方式很多，包括海、陆、空等各种运输方式，而每种运输方式都有其自身的特点和独特的经营方式。

国际货物运输是国际间的运输，所以它具有不同于国内运输的许多特点。

（1）国际货物运输的政策性很强。国际货物运输是国际贸易和国际交往的重要组成部分，具有涉外性质，受法律、法规及各项政策因素的严格制约。

（2）国际货物运输路线长、环节多。国际货物运输是国家与国家（或地区）之间的运输，一般运距较长。在运输过程中，往往需要使用多种运输工具，经过多次装卸搬运，转换不同的运输方式，经由不同的国家和地区，中间环节很多。

（3）国际货物运输涉及面广，情况复杂多变。货物在国际间运输过程中，需要与不同国家、地区的货主、交通部门、商检机构、保险公司、银行、海关及各种中间代理人打交道。

（4）国际货物运输对时效性和运输质量的要求很高。在国际贸易中，按时、完整地装运进出口货物，及时将货物从启运地运至目的地，对完成进出口任务、满足市场需要、减少货损和提高商品的竞争力，都有着重要意义。

（5）国际货物运输风险大，运输保险业参与程度高。国际货物运输由于运距长、中间环节多、涉及面广、情况复杂多变，加之时间性很强，因而风险也比较大。为了转移运输过程中的风险损失，各种进出口货物和运输工具都需要办理运输保险。

（6）国际货物运输方式的多样性。一般不能由单一运输方式来完成，而由两种或两种以上的运输方式来共同完成。

任务准备2：国际物流运输方式如何分类

国际物流运输方式根据使用的运输工具不同，可以分为以下几种。

1. 国际水上运输

国际水上运输（见图7-5）又可分为国际间内河运输和国际间海洋运输。国际水上运输适用于国际间大宗货物运输，运输费用便宜，但速度较慢，且有一定的风险。其中，国际间内河运输是指国家与国家（或地区）之间利用天然湖泊、河道开展货物运输业务，一般距离较近，规模不大。而国际间海洋运输又有近海、近洋和远洋之分，是水运方式的主要代表，又是国际货运中最主要的运输方式。

图7-5 国际水上运输

2. 国际陆上运输

国际陆上运输（见图7-6）可分为国际间陆上公路货物运输和国际间陆上铁路货物运输。其特点是适用范围广，受气候影响小，并具有门到门运输的优势。但运量普遍小于水运，单位运输成本较水运高，往往能和水运方式相结合形成国际货运中的复合运输形态。国际间陆上公路货物运输是指国家与国家（或地区）之间利用公路和车辆等物流设施和工具开展的货运业务。国际陆上运输是国际物流系统中最重要的货运辅助手段，国际货运中的国内段货运大多由它来完成。国际间陆上铁路货物运输又称国际铁路联运，是指使用一份统一的国际铁路联运票据，由跨国铁路承运人办理两国或两国以上的铁路全程运输，并承担运输责任的一种连贯运输方式。

图7-6　国际陆上运输

3. 国际航空运输

国际航空运输（见图7-7）是指由国际航空承运人办理跨国间航空货物的全程运输，并承担运输责任的一种现代化运输方式。与其他国际物流运输方式相比，国际航空运输具有运送速度快、安全系数高和货损货差小等优势，适用于运送附加值高、时效性强、客户急需的货物、文件和样品等。其缺点是运价过高。国际航空运输有班机和包机两种运输方式。国际航空货运业务中最常见的形式是航空速递业务。

图7-7　国际航空运输

4. 国际管道运输

国际管道运输（见图 7-8）是指国际间利用铺设的管道运送物资的一种特殊运输方式。管道运输带有较强的局限性，主要运送对象是石油、天然气等可流动物资。管道运输的特点是一次投资、长期受用，安全系数高，受气候、环境等外来因素的影响小（战争、恐怖活动等除外）。

图 7-8　国际管道运输

国际物流运输方式的比较见表 7-3。

表 7-3　国际物流运输方式的比较

项　目	水　路	铁　路	公　路	航　空	管　道
运量	大→小				运量大，损耗小，平稳安全，易管理
运速	最慢	较快	较慢	最快	
运价	低→高				
灵活性	差	居中	最好	好	最差
连续性	最差	好	居中	差	最好
成本	投资少	投资大、占地广	短途成本低	投资大	投资大

👍 任务准备 3：如何选择国际物流运输方式

国际物流的运输方式很多，买卖双方要根据货物的特点、数量的多少、路程的远近、需要的缓急、运费的高低、风险的大小及国际政治局势的变化来商定合适的运输方式。

（1）运输成本。这是国际物流在运输方式选择上的首要考虑因素，其原因是国际物流运距长、运费负担重。

（2）运行速度。主要原因：一是国际物流运距长，资金占用的时间长，加快速度可提高资金的周转率；二是货物具有时效性，其速度的快慢将影响其市场价位的高低。

（3）货物特点和性质。货物特点和性质有时对物流方式的选择起决定作用。一般来说，普通包装杂货可以选择各种货运方式，而诸如煤炭、水泥、石油等货物选择的范围较窄，大多只能选择船运。而贵重物品、尖端科技产品、某些商品的样品或私人用品等大多选择空运。

（4）货运量。对于大运量货物而言，其运输受到了限制，船运将是较好的选择。

（5）物流基础设施条件。由于国家之间发展得不平衡，一个国家中可以选择的物流方式，到另一个国家可能因为缺乏必要的设施而无法采用。因此，在选择运输方式时，如果不考虑这个问题，是无法形成有效的物流系统的。

扫一扫

请扫一扫如图 7-9 所示的二维码，了解国际物流运输的合理化。

图 7-9 国际物流运输的合理化

任务执行

步骤 1：了解我国"一带一路"倡议

"一带一路"是"丝绸之路经济带"和"21 世纪海上丝绸之路"的统称，是我国政府从金融危机以来世界经济形势和亚太地缘关系的深刻变化出发，首次向国际社会提出的区域发展倡议，意在统筹国际、国内两个大局，立足当前、谋划长远。

"一带一路"是习近平主席于 2013 年 9 月 7 日在哈萨克斯坦纳扎尔巴耶夫大学（Nazarbayev University）和 10 月 3 日在印度尼西亚国会发表演讲时首倡的。后来这一构想被正式写入十八届三中全会的《中共中央关于全面深化改革若干重大问题的决定》。

"一带一路"的核心内涵是加强政策沟通、道路联通、贸易畅通、货币流通、民心相通的"互联互通"，这"五通"赋予了"一带一路"倡议巨大的包容空间和弹性。"一带一路"至少可以划出四条线路：向北与俄罗斯的交通线及管道连接，向东连接东亚另外两个主要经济体日本和韩国，向西通过中亚连接西欧，向南通过印度洋连接到北非，其辐射范围涵盖东盟、南亚、西亚、中亚、北非和欧洲。经初步估算，2014 年"一带一路"沿线总人口约 44 亿，经济总量约 21 万亿美元，分别约占全球的 63% 和 29%。由于"一带一路"具有开放性，未来一旦形成虹吸效应，还可能吸引更多的国家和经济体参与其中，进一步释放其辐射性。其中，西线和南线尤为关键。

兴建"一带一路"是中国周边外交的重要目标，是中国践行习近平主席提出的"亲、诚、惠、容"的周边外交理念、寻求与周边国家互利共赢的伟大战略构想的具体体现。

（学习链接：中国一带一路网）

项目七　认识国际物流

👍 **步骤 2：了解"一带一路"的主要国际物流通道**

上网查找"一带一路"倡议下的主要国际物流通道。

👍 **步骤 3：选择"一带一路"各个国际物流通道的运输方式**

各组填写表 7-4，并派一名代表上台将本组上网查找的资料与大家分享。

表 7–4　"一带一路"主要国际物流通道一览表

物 流 通 道	途径的国家或重要港口	主要运输方式
中国—中亚、俄罗斯—欧洲		
中国—波斯湾、地中海		
中国—东南亚、南亚、印度洋		
中国—印度洋—欧洲		
中国—南太平洋		

任务评价

在完成上述任务后，教师组织进行三方评价，并对学生的任务执行情况进行点评。学生完成表 7-5 的填写。

表 7–5　"选择国际物流运输方式"任务评价表

任　　务			评价得分			
任务组		成员				
评价标准	评价任务	分值	自我评价（20%）	他组评价（30%）	教师评价（50%）	合计（100%）
	能够按任务要求准确地填写表格	35				
	能够根据国际物流通道的实际情况选择合理的运输方式	35				
	能够清晰地与他人分享所查找的资料	30				
	合计	100				

任务三　知悉国际物流节点

任务展示

（1）请扫一扫如图 7-10 所示的二维码，预习本任务的学习资料。

图 7-10　本任务的学习资料

141

（2）学生以小组为单位，上网查找 5 家国内外知名港口的相关资料，并将查找的结果填入表 7-6 中，最后每组派一名代表上台分享。

表 7-6　国内外知名港口的相关资料

序　号	港口名称	所在国家	总　面　积	年吞吐量
1				
2				
3				
4				
5				

任务准备

任务准备1：什么是国际物流节点

整个国际物流过程是由多次的"运动—停顿—运动—停顿"所组成的。与这种运动相对应的国际物流网络就是由执行运动使命的线路和执行停顿使命的节点这两种基本元素构成的。线路与节点的相互关联构成不同的国际物流网络，国际物流网络水平的高低、功能的强弱取决于网络中这两个基本元素合理配置的程度。在国际物流节点上，可以通过对节点的优化，提高物流的增值服务水平和综合服务功能。

国际物流节点是一个广泛的概念，物流场所，甚至一个城市或一个大的区域都可看成国际物流节点。常见的国际物流节点有制造厂商仓库、中间商仓库、口岸仓库、国内外中转点仓库，以及流通加工配送中心和保税区仓库、物流中心、物流园区等。国际贸易商品或货物通过这些仓库和中心的收入和发出，并在中间存放保管来实现国际物流系统的时间效益，克服生产时间和消费时间的分离，促进国际贸易系统顺利运行。

任务准备2：国际物流节点有哪些分类

根据国际物流节点的主要功能不同，国际物流节点可分为转运型节点、储存型节点、流通加工型节点和综合型节点，具体说明见表 7-7。

表 7-7　国际物流节点分类一览表

节点类型	说　明
转运型节点	以连接不同运输方式为主要职能的节点，如货站、编组站、车站、货场、航空港、港口、码头等
储存型节点	以存放货物为主要职能的节点，如储备仓库、营业仓库、中转仓库、口岸仓库、港口、仓库、货栈等
流通加工型节点	以组织货物在系统中的运动为主要职能，并根据需要对货物施加包装、分割、计量、组装、刷标志、商品检验等作业的节点，如流通仓库、流通中心、配送中心等
综合型节点	多功能的国际物流节点，往往表现为一个大区域，如国际物流中心、出口加工区、国际物流园区、自由经济区等

👍 任务准备 3：国际物流节点的功能有哪些

国际物流节点的功能是综合性的，可以说包含了所有物流的基本功能。国际物流节点的功能可概括为作业、衔接、信息、管理四大功能。

1. 作业功能

一般来讲，国际物流节点可承担各项物流作业的功能，如储存、包装、流通加工、装卸、搬运、配送、信息处理等。由于定位和目标不一，其基本作业功能可多可少或有所侧重。

2. 衔接功能

物流节点将各个物流线路联结成一个系统，使各个线路通过节点变得更为贯通而不是互不相干，这种作用称为衔接作用。国际物流节点一般采取以下手段来衔接物流。

（1）通过转换运输方式，衔接不同的运输手段。

（2）通过加工，衔接干线物流及配送物流。

（3）通过存储，衔接不同时间的供应物流与需求物流。

（4）通过集装箱、托盘等集装处理，衔接整个门到门运输，使之成为一体。

3. 信息功能

国际物流节点是国际物流信息的集散地，在国际物流系统中每一个节点都是物流信息的一个点。因此，物流节点是整个物流系统或与节点相接物流的信息传递、收集、处理、发送的集中地，这种信息作用在现代物流系统中起着非常重要的作用，也是复杂物流存储单元能联结成有机整体的重要保证。

4. 管理功能

物流系统的管理设施和指挥机构往往集中设置于物流节点之中。实际上，国际物流节点大多是集管理、指挥、调度、信息、衔接及货物处理等功能于一身的物流综合设施，整个国际物流系统运转的有序化和正常化，以及运作的效率和水平都取决于物流节点的管理水平和管理职能的实现情况。

👍 任务准备 4：主要的国际物流节点有哪些

国际物流系统中的主要节点一般有口岸、港口和航空港、仓库、国际物流中心等，不同的节点对应不同的通道，将国际物流体系织成网状，使得国际物流业加速发展。

1. 口岸

口岸是经政府批准设置的供人员、货物和交通工具直接出入国（关、边）境的港口、机场、车站、跨境通道等。简单地说，口岸是由国家指定对外往来的门户，是国际货物运输的枢纽。从某种程度上说，它是一种特殊的国际物流节点。口岸是一个国家主权的象征，是一个国家对外开放的门户，是国际货运的枢纽。深圳湾口岸如图 7-11 所示。

口岸可以从不同的角度进行分类，常用的分类方法有以下两种。

（1）按批准开放的权限划分，可将口岸分为一类口岸和二类口岸。一类口岸是指国务院批准开放的口岸（包括中央管理的口岸和由省、自治区、直辖市管理的部分口岸）。二类口岸是指由省级人民政府批准开放并管理的口岸。

图 7-11 深圳湾口岸

（2）按照出入境的运输方式划分，可将口岸分为港口口岸、陆地口岸和航空口岸三种。

一般来说，口岸通过货物或人都需要经过海关检验，海关的权力有检查权、查阅权、查问权、查验权等。海关的商品检验能有效地维护出口商品的信誉和促进出口商品质量的提高；把好进口商品质量关，有效地维护国家和人民的利益；办理公证鉴定业务，为对外贸易关系人提供方便。另外，现在我国的电子口岸也正在兴起。电子口岸是中国电子口岸执法系统的简称。该系统运用现代信息技术，借助国家电信公网，将各类进出口业务电子底账数据集中存放到公共数据中心，国家职能管理部门可以进行跨部门、跨行业的联网数据核查，企业可以在网上办理各种进出口业务。电子口岸有利于增强管理部门的管理综合效能，也能使管理部门在进出口环节的管理上更加完整和严密，更可以降低贸易成本，提高贸易效率。

2. 港口

港口是位于江、河、湖、海或水库等沿岸，由一定范围的水域或陆域组成的且具有相应的设施设备和条件开展船舶进出、停靠，货物运输、物流等相关业务的区域。由于港口是联系内陆腹地和海洋运输（或国际航空运输）的一个天然界面，因此人们也把港口作为国际物流的一个特殊节点。按照现代综合物流的观点，港口在现代国际生产、贸易和物流系统中处于十分重要的战略地位，并且发挥着日益重要的作用。港口不仅是货物水陆空运输的中转地，而且提供了发展转口贸易、自由港和自由贸易区的机会。归纳而言，港口具有运输功能、工业功能、商业功能和物流功能。鹿特丹港如图 7-12 所示。

3. 航空港

航空港也被称为机场，是位于航空运输线上，依托机场的建筑物和设施，开展货物装卸暂存、中转分拨等物流业务的基础设施（区域）。航空港是货物快速周转的重要节点，一般用于运输和转运需求迫切、活体、价值高昂、对时间限制严格的物品。由于航空港的特殊性，货物运输路线与航线制订密切相关，而且考虑人工成本和运输作业成本等，航空港的建设要求非常高。法兰克福航空港如图 7-13 所示。

图 7-12　鹿特丹港

图 7-13　法兰克福航空港

4. 仓库

仓库，即用于储存、保管物品的建筑物和场所的总称，如图 7-14 所示。仓库具有克服生产和消费在时间间隔上的作用，并在质量上对进入市场的商品起保证作用。同时，还有加速商品周转、加快流通的作用，进而调节商品价格、调节运输工具载运能力的不平衡。

仓库由储存物品的库房、运输传送设施（如吊车、电梯、滑梯等）、出入库房的输送管道和设备，以及消防设施、管理用房等组成。仓库的分类标准很多：按所储存物品的形态可分为储存固体物品的、液体物品的、气体物品的和粉状物品的仓库；按所储存物品的性质可分为储存原材料的、半成品的和成品的仓库；按建筑形式可分为单层仓库、多层仓库、圆筒形仓库。

图 7-14 仓库

5. 国际物流中心

国际物流中心是物流系统的基础设施和管理中心，是基础设施集中、货物配送、运输调度、交通枢纽的中心。国际物流中心是在国际物流活动中处于枢纽或重要地位，具有较完整的物流环节，并能将物流集散、信息和控制等功能实现一体化运作的物流节点。国际物流中心多是指由政府部门和物流服务企业共同筹建的具有现代化仓库、先进的分拨管理系统和计算机信息处理系统的外向型物流集散地。

任务执行

步骤 1：上网查找国外知名港口的资料

上网查找国外知名港口。本书由于篇幅所限，国外知名港口仅介绍鹿特丹港、新加坡港和釜山港 3 家。

国外知名港口 1

鹿特丹港

鹿特丹港是荷兰的海港，它是世界著名海港，也是西欧和荷兰最重要的外贸门户，位于莱茵河和马斯河的入海口上。鹿特丹港在筑港技术、管理水平方面十分先进。其装卸作业的机械化、自动化程度很高，采用电子计算机集中管理，是当前世界上具有代表性的现代化大港之一。在"英国劳氏 2020 世界集装箱港口 100 强榜单"中排名第十。

鹿特丹港腹地广大，荷兰、德国、法国、比利时的重要工商业中心都在以鹿特丹为中心、半径为 500 千米的范围内。四通八达的内河航道网、公路网、铁路网，以及管道、航空将该港与欧洲各重要城市工业区连接起来，使它成为西欧散货、原油、集装箱的最大集散中心。

鹿特丹港始建于 16 世纪。1863 年开挖了通往北海的 31.5 千米长的"新水道"，在此基础上修建了港区。早期的港区多建在新马斯河北岸。第二次世界大战后，修复了战争中被破坏的码头和设备，建设重点转向南岸。新的港区由东向西逐步向河口方向发展。从 1947 年起，先后建成 3 个大型港区。

国外知名港口 2

新加坡港

新加坡港位于新加坡的新加坡岛南部沿海，西临马六甲海峡的东南侧，南临新加坡海峡的北侧，是亚太地区最大的转口港，也是世界最大的集装箱港口之一，在"英国劳氏2020世界集装箱港口100强榜单"中排名第二。该港扼太平洋及印度洋之间的航运要道，战略地位十分重要。它自13世纪开始便是国际贸易港口，已发展成为国际著名的转口港。新加坡港是该国政治、经济、文化及交通的中心。

新加坡港的自然条件优越，水域宽广，很少受风暴影响，港区面积达538平方千米，水深适宜，吃水在13米左右的船舶可顺利进港靠泊。新加坡港最大可泊35万载重吨的超级油船，丹戎巴葛码头为集装箱专用码头，有9个干线泊位和3个支线泊位，其中有6个泊位可靠6艘"第三代"集装箱船舶同时作业。

新加坡港作为国际集装箱的中转中心，极大地提高了全球集装箱运输系统的整体效能，成为国际航运网络中不可或缺的重要一环，是新加坡国际航运中心的最大特色。

国外知名港口 3

釜山港

釜山港位于韩国东南沿海，东南濒朝鲜海峡，西临洛东江，与日本对马岛相峙，是韩国最大的港口，在"英国劳氏2020世界集装箱港口100强榜单"中排名第六。釜山港始建于1876年，在20世纪初由于京釜铁路的通车而迅速发展起来。它是韩国海陆空交通的枢纽，又是金融和商业中心，在韩国的对外贸易中发挥着重要作用。

步骤2：上网查找国内知名港口的资料

上网查找国内知名港口。本书由于篇幅所限，国内知名港口仅介绍上海港、香港港、宁波-舟山港3家。

国内知名港口 1

上海港

上海港位于长江三角洲前缘，扼长江入海口，地处长江东西运输通道与海上南北运输通道的交汇点。海港港区陆域由长江口南岸港区、杭州湾北岸港区、黄浦江港区、洋山深水港区组成。港口的直接腹地主要是长三角地区，包括上海、江苏南部和浙江北部。港口物资流向全国各地。上海港是我国对外贸易的重要基地，也是全国性的多功能枢纽港，是中国大陆沿海最大的港口。上海港是世界著名港口，从2013年开始上海港连续多年集装箱吞吐量位居世界第一。2021年，上海港集装箱吞吐量突破4700万标准箱，连续12年位居全球第一。

国内知名港口 2

香港港

中国香港地处中国华南地区，珠江口以东，南海沿岸，北接广东省深圳市，西接珠江，与澳门特别行政区、广东省珠海市及中山市隔着珠江口相望，其余两面与南海邻接。香港是一座高度繁荣的国际大都市，全境由香港岛、九龙半岛、新界三大区域组成。

香港港是中国天然良港，为远东的航运中心，位于珠江口外东侧、香港岛和九龙半岛之间。香港地处我国与邻近亚洲国家的要冲，既在珠三角入口，又位于经济增长骄人的亚洲太平洋周边的中心，可谓占尽地利。香港港是全球最繁忙和效率最高的国际集装箱港口之一，也是全球供应链上的主要枢纽港。

📒 国内知名港口 3

宁波 - 舟山港

位于东海之滨的宁波 - 舟山港，是我国深水岸线资源最丰富的地区。宁波港的进港航道水深在 18.2 米以上，25 万吨级以下船舶可以自由进出，25 万～30 万吨级超大型船舶可以候潮进港。而依托中国最大的群岛舟山群岛的舟山港更是拥有世界罕有的建港条件，水深 15 米以上的岸线 200.7 千米，水深 20 米以上的岸线 103.7 千米，穿越港区的国际航道能通行 30 万吨级以上的巨轮。

扫一扫

请扫一扫如图 7-15 所示的二维码，查看 2021 年度全球十大集装箱港口排名。

图 7-15　2021 年度全球十大集装箱港口排名

👍 步骤 3：各组派一名代表上台分享

各组派一名代表上台将本组上网查找的资料与大家分享。

任务评价

在完成上述任务后，教师组织进行三方评价，并对学生的任务执行情况进行点评。学生完成表 7-8 的填写。

表 7-8　"知悉国际物流节点"任务评价表

任务		评价得分			
任务组		成员			
	评价任务	分值	自我评价（20%）	他组评价（30%）	教师评价（50%）	合计（100%）
评价标准	能够按照任务要求上网查找所需资料	30				
	能够对所查找的资料进行简单归纳及提炼	35				
	能够清晰地与他人分享所查找的资料	35				
合计		100				

项目七　认识国际物流

任务四　认识国际多式联运

任务展示

（1）请扫一扫如图 7-16 所示的二维码，预习本任务的学习资料。

（2）学生以小组为单位，上网查找国际多式联运中大陆桥运输与海空联运的主要运输线路，并进行归纳整理，最后每组派一名代表上台分享。

图 7-16　本任务的学习资料

任务准备

任务准备 1：什么是国际多式联运

国家标准《物流术语》（GBT 18354—2021）对国际多式联运的定义是：国际多式联运（International Multimodal Transportation;International Intermodal Transportation）是按照多式联运合同，以至少两种不同的运输方式，由多式联运经营人将货物从一国境内的接管地点运至另一国境内指定交付地点的货物运输方式。

1980 年 5 月在日内瓦通过的《联合国国际货物多式联运公约》严格规定，至少采用两种运输方式进行联运，如海陆联运、海空联运和陆空联运等。它与用同一种运输工具的联运有本质区别，如海海、陆陆、空空的联运均不属于国际多式联运的范畴。

扫一扫

请扫一扫如图 7-17 所示的二维码，了解国际多式联运的基本条件。

图 7-17　国际多式联运的基本条件

任务准备 2：国际多式联运有哪些优势

国际多式联运具有其他物流运输形式无可比拟的优越性，主要表现为：①运输全程由多式联运经营人负责，手续简单，节省费用；②缩短运输时间，降低运输成本，提高运输质量；

149

③多式联运可选择最佳的运输路线，从而做到合理化运输。因此，这种国际物流新技术受到国际航运界的普遍重视，目前在世界上得到广泛认可。

任务准备 3：国际多式联运有哪些运输组织形式

国际多式联运是采用两种或两种以上不同运输方式进行联运的运输组织形式，按联合的运输方式的不同分类，国际多式联运的运输组织形式可分为海陆联运、大陆桥运输、海空联运、陆空联运等。

1. 海陆联运

海陆联运是国际多式联运的主要组织形式。这种组织形式以航运公司为主体，签发联运提单，与航线两端的内陆运输部门开展联运业务。

具体做法是，内陆地区的托运人或收货人与航运企业或无船承运人签订由内陆出口地到内陆进口地的国际多式联运协议，托运人在内陆集装箱场站将货物转交承运人控制，得到多式联运提单。或者，多式联运经营人派遣车辆将空的海运集装箱调拨到托运人内陆仓库，装上货物，签发多式联运提单。随后，货物通过铁路运输或公路运输运抵海运段的装货港，在装货港(也可以在内陆出口地)完成出口报关，装上远洋船舶运到预定的卸货港，再转由铁路或公路送达收货人仓库(当然也可以由收货人到港口自提货物)。

2. 大陆桥运输

大陆桥运输是指用横贯大陆的铁路或公路作为中间桥梁，将大陆两端的海洋运输连接起来的连贯运输方式。严格地讲，大陆桥运输也是一种海陆联运形式，只是因为其在国际多式联运中的独特地位，故在此将其单独作为一种运输组织形式。

大陆桥是指把海与海连接起来的横贯大陆的铁路。目前广泛使用的大陆桥有西伯利亚大陆桥、新亚欧大陆桥和北美大陆桥(包括美国大陆桥和加拿大大陆桥)。

3. 海空联运

海空联运也称空桥运输。在运输组织方式上，海空联运与大陆桥运输有所不同：大陆桥运输在整个货运过程中使用的是同一个集装箱，不用换装，而海空联运的货物通常要在航空港换入航空集装箱，不过，两者的目标是一致的，即以低费率提供快捷、可靠的运输服务。

这种方式兼有海运的经济性和空运的速度，可以在控制运输成本的基础上缩短运输时间，因而受到了某些货主的欢迎。不过，由于航空运输与海运的巨大差异，特别是海运集装箱和空运集装箱的不兼容性，海空联运受到一定的限制。

4. 陆空联运

长途运输(尤其是国际长途运输)中，航空与公路/铁路运输的联合十分常见，行包运输和件杂货运输就常使用该种联合方式。在欧洲和美国，很多航空货物由卡车经长途运输到达各大航空公司的基地，再由飞机运往目的地。欧洲的许多大型航空公司为此建立了卡车运输枢纽作为公路运输经营的据点。

陆空联运方式既弥补了全程空运费用高的弊端，又巧妙利用了航空运输枢纽的有利地位，提高了运送速度。例如，中国内地的货物首先通过公路/铁路运输方式到达中国香港，再借助中国香港航线多的优越条件，利用空运转运到北美、欧洲等。

任务执行

步骤1：上网查找大陆桥运输的主要线路，并进行归纳整理

1. 西伯利亚大陆桥

西伯利亚大陆桥（Siberian Land Bridge，SLB）也称第一亚欧大陆桥，是指采用多种运输方式将集装箱货物从启运国起运，途经西伯利亚，运至欧洲或中东地区（或反方向）的一种联运方式。

西伯利亚大陆桥使用国际标准集装箱，将货物由远东海运到俄罗斯东部港口，再经跨越欧亚大陆的西伯利亚铁路，运至波罗的海沿岸，再采用铁路、公路或海运运到欧洲各地，是较为典型的一条过境多式联运线路。

西伯利亚大陆桥是目前世界上最长的一条陆桥运输线，包括远东、日本至欧洲的大陆桥路线。它大大缩短了从日本、远东、东南亚及大洋洲到欧洲的距离。如果采用大陆桥运输，从日本横滨到荷兰鹿特丹，不仅可使运距缩短1/3，运输时间也可节省1/2，运输费用还可节省20%～30%，因而对货主有很大的吸引力。但西伯利亚大陆桥运输具有一定的局限性，冬季严寒，从而使运输能力受到影响等。

2. 新亚欧大陆桥

新亚欧大陆桥也称第二亚欧大陆桥，是指采用多种运输方式从中国东海岸的连云港和日照等的沿海港口到欧洲西海岸荷兰的鹿特丹港的一种联运方式。新亚欧大陆桥在我国境内经过陇海、兰新铁路。新亚欧大陆桥分为北、中、南三线接上欧洲铁路网通往欧洲。

3. 北美陆桥

北美陆桥运输包括北美大陆桥运输、小陆桥运输和微陆桥运输等组织形式。这里仅介绍北美大陆桥运输。北美大陆桥运输是指利用北美的大铁路从远东到欧洲的"海—陆—海"联运方式的运输。

北美大陆桥包括美国大陆桥和加拿大大陆桥，由于二者是平行的，且都是连接大西洋和太平洋的大陆通道，情况相似，故统称北美大陆桥。

美国大陆桥东起纽约，西至旧金山，主要包括两条路线。

（1）远东、中国、东南亚等港口—美国西海岸的美太平洋岸西北向港口—美国东海岸—欧洲，全长3 200千米。

（2）远东、中国、东南亚等港口—美国西海岸的美太平洋岸西南向港口—墨西哥湾港口—南美洲，全长500～1 000千米。

步骤 2：上网查找海空联运的主要线路，并进行归纳整理

国际海空联运线路主要有以下 3 条。

1. 远东—欧洲

远东与欧洲间的航线有以温哥华、西雅图、洛杉矶为中转地的；也有以中国香港、仁川、曼谷、符拉迪沃斯托克市为中转地的；还有以旧金山、新加坡为中转地的。

2. 远东—中南美

近年来，远东至中南美的海空联运发展较快，因为此处港口和内陆运输不稳定，所以对海空运输的需求很大。该联运线以迈阿密、洛杉矶、温哥华为中转地。

3. 远东—中近东、非洲、大洋洲

该线路提供以中国香港、曼谷为中转地至中近东、非洲的运输服务。在特殊情况下，还有经马赛至非洲、经曼谷至印度、经中国香港至大洋洲等联运线，但这些线路的货运量较少。

步骤 3：各组派一名代表上台分享

各组派一名代表上台将本组上网查找的资料与大家分享。

任务评价

在完成上述任务后，教师组织进行三方评价，并对学生的任务执行情况进行点评。学生完成表 7-9 的填写。

表 7-9 "认识国际多式联运"任务评价表

任务		评价得分			
任务组		成员			
评价任务		分值	自我评价（20%）	他组评价（30%）	教师评价（50%）	合计（100%）
评价标准	能够按照任务要求上网查找所需资料	30				
	能够对所查找的资料进行简单归纳及提炼	35				
	能够清晰地与他人分享所查找的资料	35				
合计		100				

思政课堂

请扫一扫图 7-18 中的二维码，进行项目七思政课堂的学习。

图 7-18 项目七思政课堂

项目八

认识物流信息技术

本项目共有 2 个任务，现在让我们通过任务的学习，熟悉各种常见的现代化物流信息技术吧！

项目目标

知识目标	1. 理解物流信息系统的概念。 2. 了解物流信息系统的分类。 3. 掌握物流信息系统的功能。 4. 理解物流信息技术的概念。 5. 掌握常见的物流信息技术的概念、特点。
技能目标	1. 能够画出物流信息系统的层次结构图。 2. 能够初步应用常见的物流信息技术。
素质目标	1. 培养学生对新技术的专研精神。 2. 培养学生的创新意识。

任务一　了解物流信息系统

任务展示

（1）请扫一扫如图 8-1 所示的二维码，预习本任务的学习资料。

（2）学生以小组为单位，学习相关资料，画出物流信息系统的层次结构图，最后每组派一名代表上台分享。

图 8-1　本任务的学习资料

任务准备

任务准备 1：什么是物流信息系统

物流信息系统（Logistics Information System，LIS）是指由人员、设备和程序组成的，为物流管理者执行计划、实施、控制等职能提供信息的交互系统，它与物流作业系统一样，都是物流系统的子系统。

所谓物流信息系统，实际上是物流管理软件和信息网络结合的产物，小到一个具体的物流管理软件，大到利用覆盖全球的互联网将所有相关的合作伙伴、供应链成员连接在一起提供物流信息服务的系统，都可称为物流信息系统。对一个企业而言，物流信息系统不是独立存在的，而是企业信息系统的一部分，或者说是其中的子系统，即使对一个专门从事物流服务的企业也是如此。

物流系统包括运输系统、储存保管系统、装卸搬运、流通加工系统、物流信息系统等方面，其中物流信息系统是高层次的活动，是物流系统中最重要的组成之一，涉及运作体制、标准化、电子化及自动化等方面的问题。由于现代计算机技术及网络技术的广泛应用，物流信息系统的发展有了一个坚实的基础，计算机技术、网络技术及相关的关系型数据库、条形码技术、EDI 等技术的应用使得物流活动中的人工、重复劳动及错误发生率减少，效率增加，信息流转加速，使物流管理发生了巨大变化。

任务准备 2：如何划分物流信息系统

按物流信息系统的功能分类，可将物流信息系统分为事务处理信息系统、办公自动化系统、管理信息系统、决策支持系统、高层支持系统、企业间信息系统。

按管理决策的层次分类，可将物流信息系统分为物流作业管理系统、物流协调控制系统、物流决策支持系统。

按系统的应用对象分类，可将物流信息系统分为面向制造企业的物流信息系统，面向零售商、中间商、供应商的物流信息系统，面向第三方物流企业的物流信息系统。

按系统采用的技术分类，可将物流信息系统分为单机系统、内部网络系统、与合作伙伴及客户互联的系统。

物流信息系统的分类见表 8-1。

表 8-1 物流信息系统的分类

分类标准	内　　容
按物流信息系统的功能分类	事务处理信息系统、办公自动化系统、管理信息系统、决策支持系统、高层支持系统、企业间信息系统
按管理决策的层次分类	物流作业管理系统、物流协调控制系统、物流决策支持系统
按系统的应用对象分类	面向制造企业的物流信息系统，面向零售商、中间商、供应商的物流信息系统，面向第三方物流企业的物流信息系统
按系统采用的技术分类	单机系统、内部网络系统、与合作伙伴及客户互联的系统

👍 任务准备 3：物流信息系统有哪些功能

物流信息系统的主要功能是进行物流信息的收集、存储、传输、加工整理、维护和输出，为物流管理者及其他组织管理人员提供战略、战术及运作决策的支持，以达到组织的战略竞优、提高物流运作的效率与效益的目的。物流信息系统是物流系统的神经中枢，它作为整个物流系统的指挥和控制系统，可以分为多种子系统或者多种基本功能。通常，可以将其基本功能归纳为以下几个方面。

（1）数据收集。物流数据的收集首先是将数据通过收集子系统从系统内部或者外部收集到预处理系统中，并整理成为系统要求的格式和形式，再通过输入子系统输入到物流信息系统中。这一过程是其他功能发挥作用的前提和基础，如果一开始收集和输入的信息不完全或不正确，在接下来的过程中得到的结果就可能与实际情况完全相左，这将会导致严重的后果。因此，在衡量一个信息系统的性能时，应注意它收集数据的完善性、准确性、校验能力，预防和抵抗破坏的能力等。

（2）信息存储。物流数据经过收集和输入阶段后，在其得到处理之前，必须在系统中存储下来。在处理之后，若信息还有利用价值，也要将其保存下来，供以后使用。物流信息系统的储存功能就是要保证已得到的物流信息不丢失、不走样、不外泄、整理得当、随时可用。无论哪一种物流信息系统，在涉及信息的存储问题时，都要考虑存储量、信息格式、存储方式、使用方式、存储时间、安全保密等问题。如果这些问题没有得到妥善解决，信息系统是不可能投入使用的。

（3）信息传输。在物流系统中，物流信息一定要准确、及时地传输到各个职能环节，否则信息就会失去其使用价值。这就需要物流信息系统具有克服空间障碍的功能。物流信息系统在实际运行前，必须充分考虑所要传递的信息种类、数量、频率、可靠性要求等因素。只有这些因素符合物流系统的实际需要，物流信息系统才是有实际使用价值的。

（4）信息处理。物流信息系统的最根本目的就是将输入的数据加工处理成物流系统所需要的物流信息。数据和信息是有所不同的，数据是得到信息的基础，但数据往往不能直接利用，而信息是从数据加工得到的，它可以直接利用。只有得到了具有实际使用价值的物流信息，物流信息系统的功能才算发挥出来。

（5）信息输出。信息的输出是物流信息系统的最后一项功能，也只有在实现了这个功能后，物流信息系统的任务才算完成。信息的输出必须采用便于人或计算机理解的形式，在输出形式上力求易读易懂，直观醒目。

以上5项功能是物流信息系统的基本功能，缺一不可。而且，只有5项功能都没有出错，最后得到的物流信息才具有使用价值，否则会造成严重的后果。

扫一扫

请扫一扫如图8-2所示的二维码，了解物流信息系统的设计方法。

图8-2 物流信息系统的设计方法

任务执行

步骤1：上网查找物流信息系统层次结构的相关资料

在物流系统中，物流信息系统与物流作业系统的各项作业活动密切相关，具有管理物流作业系统的职能。物流信息系统是物流系统的神经网络，遍布物流系统的各个层次、各个方面。物流信息系统的结构可以从垂直和水平两个方向来考察。

从垂直方向看，物流信息系统可分为3个层次，即决策层、控制层和作业层。决策层位于物流信息系统的最高层，主要职能有物流战略的制定和经营方针的决策；控制层位于物流信息系统的中间层，主要职能有库存管理、配送管理等；作业层位于物流信息系统的最低层，主要职能有接受客户的订单、出入库作业、仓库运营、配送工具安排等具体的物流活动。

从水平方向看，物流信息系统贯穿供应物流、生产物流、销售物流、回收和废弃物物流等物流形式的运输、仓储、装卸搬运、包装、流通加工等各个物流作业环节。

项目八　认识物流信息技术

步骤 2：填写物流信息系统层次结构表，并画出物流信息系统层次结构图

请填写表 8-2，并画出物流信息系统层次结构图。

表 8-2　物流信息系统层次结构表

物流信息系统层次	主　要　职　能
决策层	
控制层	
作业层	

步骤 3：各组派一名代表上台分享

各组派一名代表上台将本组上网查找的资料与大家分享。

任务评价

在完成上述任务后，教师组织进行三方评价，并对学生的任务执行情况进行点评。学生完成表 8-3 的填写。

表 8-3　"了解物流信息系统"任务评价表

任　务			评价得分			
任务组		成员				
	评价任务	分值	自我评价 （20%）	他组评价 （30%）	教师评价 （50%）	合计 （100%）
评价标准	能够按照任务要求上网查找所需资料	30				
	能够按照任务要求准确填写表格	35				
	能够清晰地与他人分享所查找的资料	35				
	合计	100				

任务二　熟悉物流信息技术

任务展示

（1）请扫一扫如图 8-3 所示的二维码，预习本任务的学习资料。

（2）学生以小组为单位，上网查找资料，了解主要的物流信息技术在物流领域中的应用，并将查找的结果填入表 8-4 中，最后每组派一名代表上台分享。

图 8-3　本任务的学习资料

157

表 8-4　物流信息技术应用表

技 术 名 称	应 用 领 域
条码技术	
EDI 技术	
射频识别技术	
GIS 技术	
GPS 技术	

任务准备

任务准备 1：什么是物流信息技术

物流信息技术是物流各环节中应用的信息技术，包括计算机、网络、信息分类编码、自动识别、第五代移动通信技术（5G 技术）、数据挖掘技术、人工智能技术、EDI（Electronic Data Interchange，电子数据交换）、GNSS（Global Navigation Satellite System，全球导航卫星系统）、BDS（BeiDou Navigation Satellite System，中国北斗卫星导航系统）、GIS（Geographical Information System，地理信息系统）等技术。物流信息技术是物流现代化的重要技术基础，也是物流技术领域发展最快的研究方向之一。

任务准备 2：什么是条码和条码技术

条码（Bar Code）是由一组规则排列的条、空组成的符号，可供机器识读，用以表示一定的信息，包括一维条码和二维条码。条码技术是在计算机的应用实践中产生和发展起来的一种自动识别技术。它是为实现对信息的自动扫描而设计的，是快速、准确和可靠地采集数据的有效手段。条码技术适应了物流规模化和高速化的要求，通过快速采集信息，解决了数据录入和数据采集的"瓶颈"问题，为人们提供了一种对物品进行快速标识和描述的方法，大幅度提高了物流作业效率。条码技术与自动识别技术、POS 系统、EDI 系统等现代技术手段相结合，可以帮助企业随时了解有关产品在供应链上的位置，以便即时做出反应。

条码技术是利用光电扫描阅读设备来实现将代码数据输入计算机的技术。识读装置由扫描器和译码器组成，扫描器将条码符号转换成数字脉冲信号，译码器则将数字脉冲信号转换成条码所表示的信息。

条码技术的优点主要有输入速度快、可靠性高、采集的信息量大、灵活实用、条码设备易于操作、条码标签易于制作、效率高、成本低等。缺点主要有容易刮伤、需要外层加工保护、印刷平面容易不均匀、易于沾染灰尘、扫描器规格差异等。

任务准备 3：什么是一维条码和二维条码

目前我国使用的条码主要有一维条码和二维条码。

一维条码只是在一个方向（一般是水平方向）表达信息，而在垂直方向不表达任何信息，其一定的高度通常是为了便于阅读器对准，如图 8-4 所示。

在水平和垂直方向的二维空间存储信息的条码称为二维条码，储存数据是一维条码的几十倍到几百倍，如图 8-5 所示。

图 8-4　一维条码　　　　图 8-5　二维条码

请扫一扫如图 8-6 所示的二维码，了解一维条码和二维条码的基本知识。

图 8-6　一维条码和二维条码的基本知识

任务准备 4：什么是射频识别技术，它有哪些优点

射频识别（Radio Frequency Identification，RFID）是指在频谱的射频部分，利用电磁耦合或感应耦合，通过各种调式和编码方案，与射频标签交互通信唯一读取射频标签身份的技术。请扫一扫如图 8-7 所示的二维码，观看射频识别（RFID）的视频讲解。

图 8-7　射频识别（RFID）

射频识别系统的优点是不局限于视线，识别距离比光学系统远。射频识别卡具有可读写能力，可携带大量数据，难以伪造。射频识别技术适用于物品跟踪、载运工具和货架识别等要求非接触式的数据采集和交换场合。由于射频识别电子标签（见图 8-8）具有可读写能力，对于需要频繁改变数据内容的场合尤为适用。

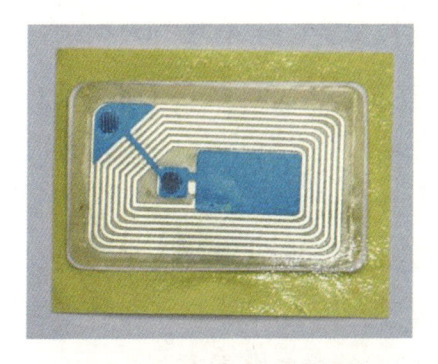

图 8-8　射频识别电子标签

射频识别技术的工作原理是无线电的信号通过调成无线

电频率的电磁场，把数据从附着在物品上的标签传送出去，以自动辨识与追踪该物品。某些标签在识别时从识别器发出的电磁场中就可以得到能量，并不需要电池；有的标签本身拥有电源，并可以主动发出无线电波（调成无线电频率的电磁场）。与条码不同的是，射频识别电子标签可以不在识别器视线内，而且可以嵌入被追踪物体内。射频识别技术的工作原理如图8-9所示。

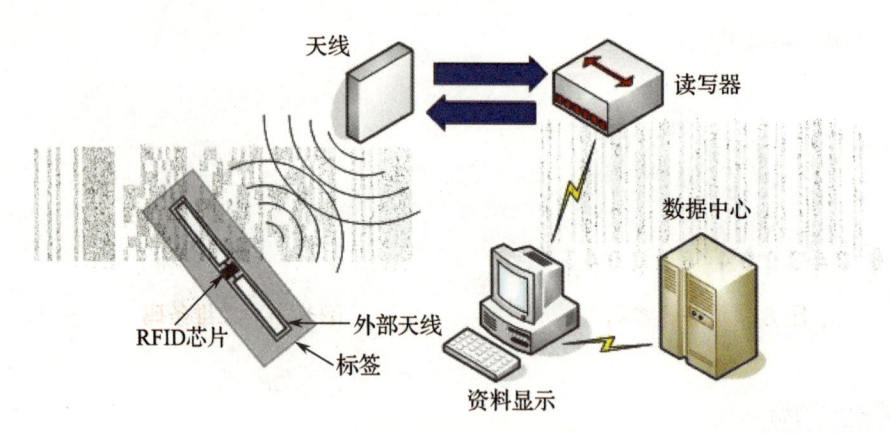

图8-9 射频识别技术的工作原理

射频识别技术是一项操控方便、简单实用、灵活性强，并特别适用于自动化控制的应用技术。其识别工作无须人工干预，支持只读工作模式和读写工作模式，并且无须接触或瞄准。其可以在各种恶劣环境下工作，短距离射频产品不怕油渍和灰尘污染等，可以替代条形码，如在工厂流水线上跟踪物体。长距离射频的产品多用于交通中，识别距离可以达几十米，如自动收费或者识别车辆身份等。

任务准备5：什么是EDI

EDI是指采用标准化的格式，利用计算机网络进行业务数据的传输和处理。EDI是信息进行交换和处理的网络化、智能化、自动化系统，是将远程通信、计算机及数据库三者有机结合在一个系统中，实现数据交换、数据共享的一种信息系统。EDI将传统的通过邮件、快递或传真等方法所进行的两个组织之间的信息交流，转化为用电子数据来实现两个组织之间的信息交换。通过EDI，信息传递的速度已大大高于用传统方法进行信息传递的速度，实现了不同企业之间或者企业与相关政府部门之间的信息实时传递。

构成EDI系统的3个要素是EDI软硬件、通信网络及数据标准化。一个部门或企业若要实现EDI，首先，必须有一套计算机数据处理系统；其次，为使本企业的内部数据比较容易地转换为EDI标准格式，需要采用EDI标准；最后，通信环境的优劣也是关系EDI成败的重要因素之一。EDI系统模型如图8-10所示。

EDI标准是整个EDI系统中最关键的部分，由于EDI是按事先商定的报文格式进行数据传输和信息交换的，因此制定统一的EDI标准至关重要。世界各国在开发EDI的过程中得出一条重要经验，就是必须把EDI标准放在首要位置。EDI标准的主要分类有基础标准、代码标准、报文标准、单证标准、管理标准、应用标准、通信标准和安全保密标准等。

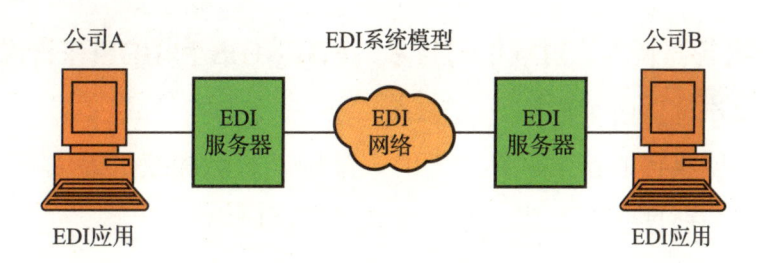

图 8-10 EDI 系统模型

请扫一扫如图 8-11 所示的二维码，了解射频识别技术的发展历史。

图 8-11 射频识别技术的发展历史

任务准备 6：什么是 GIS

GIS 是在计算机技术支持下，对整个或部分地球表层（包括大气层）空间中的有关地理分布数据进行采集、储存、管理、运算、分析、显示和描述的系统。GIS 的基本功能是将表格型数据（无论它来自数据库、电子表格文件还是直接在程序中输入）转换为地理图形显示，然后对显示结果进行浏览、操作和分析。其显示范围可以从洲际地图到非常详细的街区地图，显示对象包括人口、销售情况、运输线路及其他各类所需内容等。

任务准备 7：什么是 BDS

BDS 是中国自主建设运行的全球卫星导航系统，是为全球客户提供全天候、全天时、高精度的定位、导航和授时服务的国家重要时空基础设施。北斗系统已在交通运输、农林渔业、水文监测、气象测报、通信授时、电力调度、救灾减灾、公共安全领域得到广泛应用。基于北斗系统的导航服务已被电子商务等厂商采用，广泛进入大众消费、共享经济和民生领域，深刻改变着人们的生产生活方式。BDS 模型如图 8-12 所示。

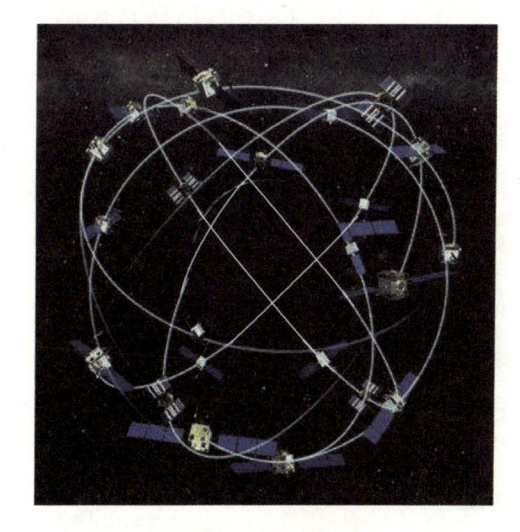

图 8-12 BDS 模型

任务执行

步骤1：上网查找条码技术、射频识别技术、EDI、GIS和BDS在物流领域中的应用

1. 条码技术的应用

条码技术作为一项成熟的技术，具有即时、准确、可靠和经济等优点，在物流信息系统中已经被普及应用，特别是在以下几个方面得到了广泛应用。

（1）自动销售系统。条码记录着各式各样的产品信息，超市中数万种的商品信息全靠条码技术来完成。条码技术极大地提高了物流效率，改变了零售业的面貌，甚至在沃尔玛的惊人崛起中也有条码的贡献。

（2）仓储管理系统。在现代仓储管理中，入库、分类、出库、盘点等环节已基本实现条码管理。大量的物流信息包含在条码之中，这意味着操作员每在一处扫描一个条码，该条码就能将他所在的位置通知计算机，从而使系统能够按操作员的行动发出指令。条码的应用也使仓库的自动化管理成为可能。

（3）产品追溯系统。条码可以用在产品的追溯上，如应用于食品安全等。条码可以记录产品的生产厂家、运输单位及销售环节等诸多信息。我国已经在2008年北京奥运会的食品中全面使用包括条码在内的多项技术，其中包括安全追溯系统。

条码在订货、进货、存放、拣货和出库等方面的应用极大地提高了物流运作的效率和准确性，并且也提高了客户的满意程度。

2. 射频识别技术的应用

近年来，便携式数据终端（PDT）的应用多了起来，PDT可以把采集到的有用数据存储起来，或将它们传送至一个管理信息系统。PDT一般包括一个扫描器、一个体积小但功能很强并带有存储器的计算机、一个显示器和供人工输入的键盘。在只读存储器中装有常驻内存的操作系统，用于控制数据的采集和传送。PDT存储器中的数据可随时通过射频通信技术传送到主计算机。操作时扫描位置标签后，则货架号码、物品数量等都会输入到PDT中，再通过RFID把这些数据传送到计算机管理系统，就可以得到客户物品清单、发票、发运标签、该地所存物品代码和数量等资料。

由于射频识别电子标签可以唯一地标识商品，通过同计算机技术、网络技术、数据库技术等的结合，可以在物流的各个环节上跟踪货物，实时掌握商品的动态信息。在仓储环节，射频识别系统可以在仓库货物接收、入库、订单拣货、出库等环节应用；在运输环节，射频识别系统结合BDS，可以对物流运输过程进行全面可视化跟踪，便于企业进行远程调度管理，并极大地提高了在途货物的安全性。

3. EDI的应用

EDI的优势主要在于节省时间、提高质量和降低成本。在节省时间方面，EDI相对于人

工传送的传送时间已经明显缩短，并且由于不需要人工干预，因此也降低了成本，同时还避免了接收的错误，提高了质量。

在 EDI 应用推广的 40 多年中，使用 EDI 较多的行业可划分为以下 4 类。

（1）贸易运输业。快速通关报检，减少贸易运输空间、成本与时间的浪费，更加经济地使用运输资源。因此，有时 EDI 也被称作"无纸贸易"，用来预示未来贸易的发展。

（2）制造业。通过推广即时响应以减少库存量及生产线待料时间，降低生产成本。

（3）商业。减少商场库存量与空架率，以加速商品资金周转，降低成本；建立配送体系，以完成产、存、运、销一体化的供应链管理。

（4）金融业。通过电子转账支付，降低金融单位与客户间交通往返的时间与现金流动风险，并缩短资金流动所需要的处理时间，提高客户资金调度的弹性。

4. GIS 的应用

GIS 应用于物流分析，主要是指利用 GIS 强大的地理资料功能来完善物流分析技术。例如，利用 GIS 开发物流系统分析软件，完整的 GIS 物流分析软件集成了车辆路线模型、最短路径模型、网络物流模型、分配集合模型和设施定位模型等。

（1）车辆路线模型。用于解决一个起始点、多个终点的货物运输中如何降低物流作业费用，并保证服务质量的问题，包括决定使用多少辆车、每辆车的路线等。

（2）最短路径模型。最短路径模型是指物流配送中最短的路径，即物品由供给地向需求地的移动过程中，所经过的距离最短、运输时间最少、运输费用最低的路径。选定最短路径是提高物流时空价值的重要环节。

（3）网络物流模型。该模型解决物流网点布局的问题。例如，将货物从 M 个仓库运往 N 个商店，每个商店都有固定需求量，因此需要确定由哪个仓库提货送到哪个商店所耗的运输代价最小。此为寻求最有效的分配货物路径问题。

（4）分配集合模型。可以根据各个要素的相似点把同一层上的所有或部分要素分为几个组，用以解决确定服务范围和销售市场范围等问题。例如，某一公司要设立 Y 个分销点，要求这些分销点要覆盖某一个地区，而且要使每个分销点的客户数目大致相等。

（5）设施定位模型。将 GIS 应用于物流网络模型分析，可以解决诸如根据供求的实际需要并结合经济效益等原则，在既定区域内设立多少个仓库、每个仓库的位置、每个仓库的规模及仓库之间的物流关系等问题。

GIS 在物流领域的应用如图 8-13 所示。

5. BDS 的应用

将 BDS 所具有的实时性、全天候、连续、快速、高精度的特点运用到物流运输行业，能给物流运输行业带来一场实质性的转变，并将在物流业的发展中发挥越来越重要的作用。利用 BDS 的计算机管理信息系统，可以通过 BDS 和计算机网络实时收集货物的动态信息，实现对汽车、货物的追踪管理，并及时进行汽车的调度管理。BDS加强了车辆的监控，而且能通过选择最优路径来减少车辆损耗、节约运输时间和运输成本，从而提高经济效益。BDS的应用如图8-14所示。

图8-13 GIS在物流领域的应用

图8-14 BDS的应用

步骤2：各组派一名代表上台分享

各组派一名代表上台将本组上网查找的资料与大家分享。

任务评价

在完成上述任务后，教师组织进行三方评价，并对学生的任务执行情况进行点评。学生完成表8-5的填写。

表 8-5　"熟悉物流信息技术"任务评价表

任　务			评 价 得 分			
任务组		成员				
	评价任务	分值	自我评价（20%）	他组评价（30%）	教师评价（50%）	合计（100%）
评价标准	能够按照任务要求上网查找所需资料	30				
	能够按照任务要求准确填写表格	35				
	能够清晰地与他人分享所查找的资料	35				
	合计	100				

思政课堂

请扫一扫图 8-15 中的二维码，进行项目八思政课堂的学习。

图 8-15　项目八思政课堂

项目九

认识供应链

本项目共有2个任务，现在让我们通过任务的学习，认识供应链的管理理念和技术吧！

项目目标

知识目标	1. 掌握供应链与供应链管理的概念。 2. 理解供应链管理的基本思想、特征与作用。 3. 掌握快速反应与有效客户反应的概念。 4. 理解快速反应的好处。 5. 了解有效客户反应的特征。
技能目标	1. 能够根据实际情况画出供应链的结构图。 2. 能够初步开展快速反应与有效客户反应的基本技术。
素质目标	1. 培养学生团队协作精神。 2. 培养学生客户服务意识。

项目九　认识供应链

任务一　认识供应链与供应链管理

任务展示

（1）请扫一扫如图 9-1、图 9.2 所示的二维码，预习本任务的学习资料和观看供应链的含义的视频讲解。

（2）学生以小组为单位，完成如下几个任务：

① 上网查找资料，了解供应链的基本知识。

② 查找某个产品的供应链资料，画出它的供应链结构图。

③ 每组派代表上台分享成果。

图 9-1　本任务的学习资料

图 9-2　供应链的含义

任务准备

任务准备 1：什么是供应链与供应链管理

供应链（Supply Chain）是指生产及流通过程中，围绕核心企业的核心产品或服务，由所涉及的原材料供应商、制造商、分销商、零售商直到最终客户等上下游成员链接形成的网链结构。供应链是一个由生产设施和配送服务组成的网络，它包括原材料采购、生产制造、储存运输、配送销售等方面。供应链存在于各类企业中。生产型企业面临供应链问题，服务型企业同样也面临供应链问题。问题的难易复杂程度与行业特征和企业自身的特点紧密相关。供应链有时也等同于物流网络，因为它们都涉及供应商、生产部门、库存部门和配送中心。准确地讲，供应链是一个比物流更宽更广的概念，因为物流强调货物的运输和管理，而供应链讨论企业从原材料获取到销售给客户的整个过程。供应链结构图如图 9-3 所示。

供应商　　制造商　　仓储和配送中心　　客户

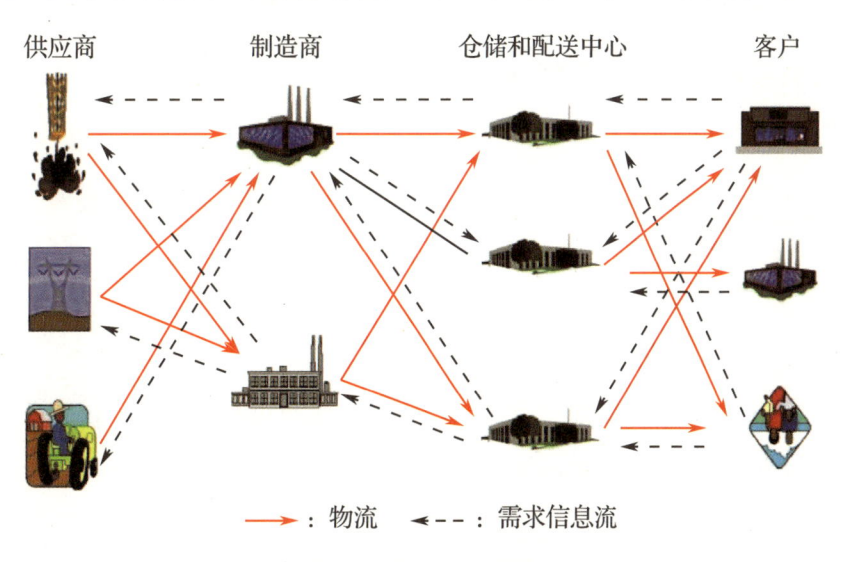

──→：物流　　◂---：需求信息流

图 9-3　供应链结构图

167

供应链管理（Supply Chain Management）是指从供应链整体目标出发，对供应链中采购、生产、销售各环节的商流、物流、信息流及资金流进行统一计划、组织、协调与控制的活动和过程。供应链管理就是整合供应商、制造部门、库存部门和配送商等供应链上的诸多环节，减少供应链的成本，促进物流和信息流的交换，以求在正确的时间和地点，生产和配送适当数量的正确产品，提高企业的总体效益。举个简单的例子：一件产品，其原材料由供应商提供，运输到生产部门，在产品制成后，又被运输到配送中心，最终被卖给客户。实际生活中的供应链往往涉及多种产品、多级生产和配送，并且往往处于不断的变化之中。

扫一扫

请扫一扫如图 9-4 所示的二维码，了解供应链管理师。

图 9-4　供应链管理师

任务准备 2：供应链管理的基本思想有哪些

供应链管理的基本思想主要有以下几个基本内容：

① 系统观念，供应链将供应商、制造商、销售商等相关主体看成一个有机联系的整体；

② 共同目标，对于供应链上的所有参与者而言，利益共享，风险共担，追求整体价值最大化；

③ 积极主动地管理，主动追求增加价值和提高管理效率；

④ 建立新型的企业与企业间的战略伙伴关系，认真选择合作伙伴；

⑤ 开发核心竞争力，上下游之间应有一个起核心作用的龙头。

任务准备 3：供应链管理有什么特征

供应链管理的特征包括：

① 强调发挥每一个企业的核心竞争力；

② 非核心业务采用外包形式；

③ 形成企业间的合作性竞争；

④ 以客户满意为服务的管理目标；

⑤ 追求物流、信息流、资金流、工作流和组织流的集成；

⑥ 借助信息技术实现管理目标；

⑦ 重视第三方物流。

任务准备 4：供应链管理有哪些作用

供应链管理可使客户价值得以提升，其作用如下。

（1）节省资金。由于供应链上的企业可实现经济规模采购和发挥经营优势，可最大限度地降低采购费用、库存及成本、订货成本。

（2）增进客户关系。在供应链上的企业，由于企业间的来往较为和谐，一般都以共同利益最大作为链接的基础，有利于扩大采购能力、增加新服务和增加满意度。

（3）创造财富。供应链有助于发现和认识企业优势，在实现资源共享、优势互补的进程中实现企业利益最大化，有利于进行资产重组，实现供应链的增值功能，并不断开拓新市场、开发新业务。

扫一扫

请扫一扫如图 9-5 和图 9-6 所示的二维码，了解智慧供应链的相关知识及国家发布的首项供应链政策。

图 9-5　智慧供应链　　　　　　　　图 9-6　国家发布的首项供应链政策

任务执行

步骤 1：上网查找供应链层次结构的相关资料

供应链是指围绕核心企业，通过对信息流、物流、资金流的控制，从采购原材料开始，到中间产品及最终产品，最后由分销网络把产品送到客户手中，全过程涉及的供应商、制造商、分销商、零售商、最终客户连成一个整体性功能网链的结构模式，其特点如下。

（1）供应链是一种企业组织结构模式。供应链包含供应链上所有加盟的节点企业，从原材料的供应开始，经过链中不同企业的制造加工、组装、分销等过程直到最终客户。可以把它看作一个范围更广的企业组织结构模式。

（2）供应链是一条增值链。供应链不仅是一条连接供应商与客户的物料链、信息链、资金链，也是一条增值链，物料在供应链上经过加工、包装、运输等过程而增加了价值，给相关企业和客户都带来了收益。

（3）在供应链中，供应商与客户互为伙伴。在这个网络中，每个贸易伙伴既是其客户的供应商，又是其供应商的客户，他们既向上游的贸易伙伴订购产品，又向下游的贸易伙伴供应产品。

典型的供应链中，厂商先进行原材料的采购，然后在一家或多家工厂进行产品的生产，把产成品运往仓库暂时储存，最后把产品运至零售商或客户。为了降低成本和提高服务水平，有效的供应链必须考虑供应链各环节的相互作用。

供应链的层次结构如图9-7所示。

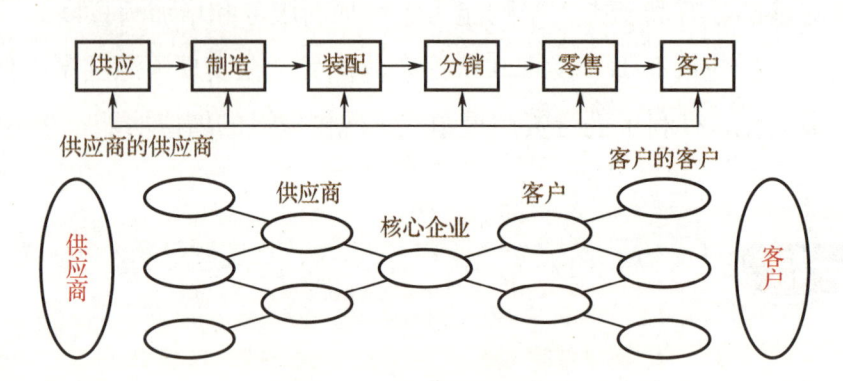

图9-7 供应链的层次结构

步骤2：上网查找某产品的相关资料

这里以客户走进大型仓储式超市沃尔玛去购买清洁剂为例。供应链始于客户及其对清洁剂的需求，下一个环节是客户走进沃尔玛零售店。沃尔玛的存货摆满货架，这些库存由成品仓库或者分销商用卡车通过第三方物流企业供应。制造商(在这个例子中是宝洁公司)为分销商供货。宝洁公司的工厂从各种供应商那里购进原材料，这些供应商可能由更低层的供应商供货。例如，包装材料可能来自A包装公司，而A包装公司从其他供应商那里购进原材料来生产包装材料。

步骤3：根据步骤2的资料画出其供应链结构图

步骤2中清洁剂的供应链结构示意图如图9-8所示，图中的箭头反映"物"的流动方向。

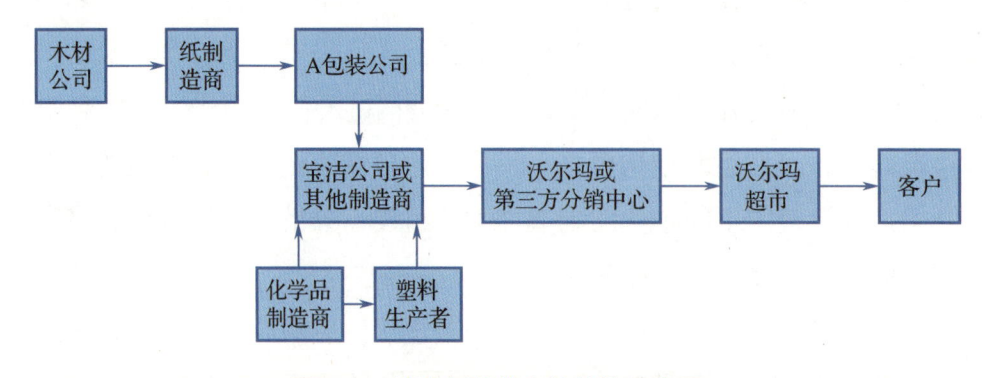

图9-8 清洁剂的供应链结构示意图

步骤4：各组派一名代表上台分享

各组派一名代表上台将本组上网查找的资料与大家分享。

任务评价

在完成上述任务后，教师组织进行三方评价，并对学生的任务执行情况进行点评。学生完成表 9-1 的填写。

表 9-1 "认识供应链与供应链管理"任务评价表

任 务		评 价 得 分				
任务组		成员				
	评价任务	分值	自我评价（20%）	他组评价（30%）	教师评价（50%）	合计（100%）
评价标准	能够按照任务要求上网查找所需资料	30				
	能够对所查找的资料进行简单归纳及提炼	20				
	能够根据材料画出供应链结构图	30				
	能够清晰地与他人分享所查找的资料	20				
	合计	100				

任务二　了解供应链管理技术

任务展示

（1）请扫一扫如图 9-9 所示的二维码，预习本任务的学习资料。

（2）学生以小组为单位，上网查找资料，了解企业实施供应链管理技术的方法策略，最后每组派一名代表上台分享。

图 9-9　本任务的学习资料

任务准备

任务准备 1：什么是快速反应，如何实施快速反应

快速反应（Quick Response，QR）是指在供应链成员企业之间建立战略合作伙伴关系，利用电子数据交换（EDI）等信息技术进行信息交换及信息共享，用高频度小批量配送方式补货，以实现缩短交货周期、减少库存、提高客户服务水平和企业竞争力为目的的一种供应链管理策略。

任务准备 2：QR 对厂商和零售商有何好处

1. QR 对厂商的好处

（1）更好地服务客户。QR 可以为店铺提供更好的服务，最终为客户提供更好的服务。

由于厂商的送货与承诺相符，厂商能够很好地协调与零售商的关系，长期的、良好的客户服务会增加市场份额。

（2）降低了流通费用。由于集成了对客户消费水平的预测和生产规划，QR可以提高厂商的库存周转速度，减少需要处理和盘点的库存量，从而降低流通费用。

（3）降低了管理费用。因为不需要手工输入订单，所以采购订单的准确率提高了，减少了额外发货。货物发出之前，仓库对运输标签进行扫描并向零售商发出提前运输通知，这些措施都降低了管理费用。

（4）更好的生产计划。由于可以对销售进行预测并能够得到准确的销售信息，厂商可以准确地安排生产计划。

2. QR对零售商的好处

（1）提高了销售额。条码和POS（Point of Sale，销售终端）扫描使零售商能够跟踪商品的销售和库存情况，这样零售商就能够准确地跟踪存货情况，在需要时才订货。

（2）减少了削价的损失。由于拥有了更准确的客户需求信息，零售商可以更多地储存客户需要的商品，减少客户不需要商品的存货，这样就减少了削价的损失。

（3）降低了采购成本。商品采购成本是企业完成采购职能时发生的费用，这些职能包括订单准备、订单创建、订单发送及订单跟踪等。实施QR后，上述业务流程大大简化，采购成本也随之降低。

（4）降低了流通费用。厂商使用物流条码标签后，零售商可以扫描这个标签，减少了手工检查到货所发生的成本。

（5）加快了库存周转。零售商能够根据客户的需要频繁地小批量订货，降低了库存投资和相应的运输成本。

（6）降低了管理成本。相关的管理成本包括接收发票、发票输入和发票例外处理时所发生的费用，由于采用了电子发票及预先发货清单技术，管理费用大幅度降低了。

总之，采用了QR的方法后，虽然单位商品的采购成本会增加，但通过频繁小批量订货，客户服务水平就会提高，零售商就更能适应市场的变化，同时其他成本也会降低，最终提高了利润。

👍 任务准备3：什么是有效客户反应

有效客户反应（Efficient Customer Response，ECR）是以满足客户需求和最大限度地降低物流过程费用为原则，使企业能及时做出准确反应，使企业提供的物品供应或服务流程最佳化的一种供应链管理策略。

👍 任务准备4：ECR有何特征

ECR的特征表现在3个方面。

1. 管理意识的创新

传统的产销双方的交易关系是一种此消彼长的对立性关系，即交易各方以对自己有利的买卖条件进行交易。简单地说，这是一种输赢型关系。ECR 要求产销双方的交易关系是一种合作伙伴关系，即交易各方通过相互协调合作，实现以低的成本向客户提供更高价值服务的目标，在此基础上追求双方的利益。简单地说，这是一种双赢型关系。

2. 供应链整体协调

传统的流通活动缺乏效率的主要原因在于厂家、批发商和零售商之间存在企业间联系的非效率性，以及企业内采购、生产、销售和物流等部门或职能之间存在部门间联系的非效率性。传统的组织以部门或职能为核心进行经营活动，以各个部门或职能的效益最大化为目标，这样虽然能够提高各个部门或职能的效率，但容易引起部门或职能间的摩擦。

同样，传统的业务流程中各个企业以各自企业的效益最大化为目标，这样虽然能够提高各个企业的经营效率，但容易引起企业间的利益摩擦。ECR 要求各部门、各职能及各企业之间消除隔阂，进行跨部门、跨职能和跨企业的管理和协调，使商品流和信息流在企业内和供应链内顺畅地流动。

3. 涉及范围广

既然 ECR 要求对方对供应链整体进行管理和协调，ECR 所涉及的范围必然包括零售业、批发业和制造业等相关的多个行业。

扫一扫

请扫一扫如图 9-10 所示的二维码，了解 QR 系统与 ECR 系统的区别。

图 9-10　QR 系统与 ECR 系统的区别

任务执行

步骤 1：了解 QR 的实施步骤

实施 QR 需要经过 6 个步骤，每个步骤都需要以前一个步骤作为基础，比前一个步骤有更高的回报，但是需要额外的投资。

（1）安装、使用条形码和 EDI。

（2）自动补货。供应商根据软件对零售商销售情况的定期预测和库存情况确定订货量，更快、更频繁地对零售商补货，保证零售商不缺货。

（3）建立先进的补货联盟。零售商和制造商之间建立起先进并且稳定的补货联盟，共同检查销售数据，制订未来需求计划，在保证供应和减少缺货的情况下降低库存水平。

（4）零售空间管理。制造商与零售商一起根据每个店铺的需求模式来确定其经营商品的品种和补货决策。

（5）联合产品开发。对于时尚类产品，制造商之间联合开发新产品，缩短新产品从开发到上市的时间。

（6）快速反应系统的集成。通过重新设计业务流程，将前5步的工作和企业的整体业务集成起来，以支持企业的整体战略。

步骤2：了解ECR的实施策略

实施ECR的思路是，首先联合整个供应链所涉及的供应商、分销商及零售商，改善供应链中的业务流程，使其最合理并有效；然后以较低的成本使这些业务流程自动化，进一步降低和缩减供应链的成本和时间。制造商、批发商和零售商为了实现ECR系统的目标通常采用下列策略。

（1）有效的店内布局。ECR系统通过有效的商品分类，促使店铺储存客户所需要的商品，并把商品范围限制在高销量和高利润的商品上。同时，零售商借助于计算机化的空间管理系统来提高货架的利用率。最终通过有效利用店铺的空间和店内布局来最大限度地提高商品的获利能力。

（2）高效的订货和补货。从生产线到收款台，通过EDI，利用以需求为导向的自动连续补货和计算机辅助订货技术等手段，使补货系统的时间和成本最优化，从而降低商品的售价。

（3）有效的交叉平台分销。ECR系统并不把仓库或配送中心仅仅看作储存接收到的货物的地方，而是看作为紧接着的下一次货物发送做准备的一种分销系统。仓库和配送中心所有的入库和出库运输尽量同时进行，构成了交叉平台分销系统。

（4）有效的促销。简化分销商和供应商的贸易关系，将经营重点从采购转移到销售，保持贸易和促销系统的高效率。

（5）有效的新产品导入。一方面，制造商通过采集和分享供应链伙伴间时效性强的、更加准确的购买数据，提高新产品的成功率；另一方面，制造商也可以与零售商紧密合作，鼓励零售商接受新产品。为此，制造商常常为零售商提供多种形式的折扣和奖励，并让客户和零售商尽早接触到新产品，把新产品放到店铺进行试销，然后按照客户类型对试销结果进行分析，并决定对新产品的最终决策。

步骤3：各组派一名代表上台分享

各组派一名代表上台将本组上网查找的资料与大家分享。

任务评价

在完成上述任务后,教师组织进行三方评价,并对学生的任务执行情况进行点评。学生完成表 9-2 的填写。

表 9-2 "了解供应链管理技术"任务评价表

任 务			评 价 得 分			
任务组		成员				
	评价任务	分值	自我评价（20%）	他组评价（30%）	教师评价（50%）	合计（100%）
评价标准	能够按照任务要求上网查找所需资料	30				
	能够对所查找的资料进行简单归纳及提炼	35				
	能够清晰地与他人分享所查找的资料	35				
	合计	100				

思政课堂

请扫一扫图 9-11 中的二维码,进行项目九思政课堂的学习。

图 9-11 项目九思政课堂

参 考 文 献

[1] 中华人民共和国教育部.中等职业学校专业教学标准（试行）[M].北京：高等教育出版社，2015.

[2] 王健.现代物流概论[M].2版.北京：北京大学出版社，2012.

[3] 陈雄寅.仓储与配送实务[M].上海：华东师范大学出版社，2013.

[4] 陈雄寅.电子商务物流实务[M].上海：华东师范大学出版社，2018.

[5] 王之泰.现代物流学[M].北京：中国物资出版社，2003.

[6] 毛艳丽，李升全.物流基础[M].北京：高等教育出版社，2015.

[7] 施丽华，刘娜.现代物流管理[M].北京：清华大学出版社，2014.

[8] 许淑君.现代物流管理[M].上海：上海财经大学出版社，2013.

[9] 陈言国.国际物流实务[M].北京：清华大学出版社，2016.

[10] 顾永才.国际货运代理实务[M].北京：首都经济贸易大学出版社，2015.

[11] 嵇成舒.电子商务物流应用[M].北京：电子工业出版社，2006.

[12] 商玮.电子商务物流管理[M].北京：中国财政经济出版社，2014.

[13] 张军玲.电子商务物流管理[M].北京：电子工业出版社，2017.

[14] 刘淑萍.现代物流基础[M].2版.上海：华东师范大学出版社，2016.

[15] 卢鸿.现代物流基础[M].广东：世界图书出版广东公司，2014.

[16] 霍红.第三方物流企业经营与管理[M].北京：中国物资出版社，2003.

[17] 国家标准化管理委员会.物流术语（GBT 18354-2021）.北京：中国标准出版社，2021.

[18] 方照琪等.集装箱运输管理与国际多式联运[M].2版.北京：电子工业出版社，2021.

[19] 刘敏.现代物流管理基础[M].3版.北京：电子工业出版社，2021.

[20] 王健.现代物流概论[M].3版.北京：北京大学出版社，2019.

[21] 胡建波.现代物流基础[M].4版.北京：清华大学出版社，2019.